JN318270

10代の子どもの心のコーチング

思春期の子をもつ親がすべきこと

菅原裕子

PHP文庫

○本表紙図柄＝ロゼッタ・ストーン（大英博物館蔵）
○本表紙デザイン＋紋章＝上田晃郷

はじめに

２００３年６月に出版した『子どもの心のコーチング』（リヨン社、２００７年にＰＨＰ文庫として発刊）に、大変多くの反響をいただきました。この本は、私どもが主宰する親のためのコーチングワークショップ「ハートフルコミュニケーション」のメッセージをつづったものです。


「その通りにやって、すぐに子どもの行動が変わった」

「子どもが朝、自分で起きるようになった」

「話をよく聞くようにしたら、子どもの様子が変わってきた」

など、親たちの努力の成果が寄せられます。

また一方で、

「結局、自分でできない子どもにイライラして、手を出してしまう」

「しばらくは続くが、すぐにもとに戻ってしまう」

「ハートフルコミュニケーションの考え方は、女の子の子育てには通用するが、男の子には通用しない。男の子は殴《なぐ》らないとわからない」

などなど、さまざまな体験も寄せられました。

それら寄せられる声のすべてが、皆さんの子育てへの本気の取り組みです。本を手にし、少しでも自分の子育てに生かそうと試みていること自体が、親の努力を物語っています。

子どもに興味を持ち、自分自身に興味を持ち、子育てに対する考え方、やり方でもっといいものはないだろうかと本を手にした人。子育てに問題を抱えていたり、子どもをもっとよく理解したいとヒントを求めて本を読んだ人。そして気づいたことを試した人――それらの姿勢が子どもに伝わらないはずはありません。

あとは、いいと思ったことをやり続けることが次の課題です。

『子どもの心のコーチング』では、子どもを育てるときの親のあり方や考え方の基礎という観点から、事例などには比較的幼い年齢のものを多く取り上げました。

その理由は二つあります。

ひとつは、人を育てるもっとも重要な時期は、その幼少期にあると考えるためです。乳幼児期から児童期に学んだことが、結局、自分の人生の基礎になっていると感じたことのある方は多いのではないでしょうか。ぜひ、その時期の子育ての重要さを伝えたいと思いました。

もうひとつの理由は、私の娘の年齢です。『子どもの心のコーチング』の土台となった小冊子「ハートフルコミュニケーション」は、娘が小学6年生のときに、それまでに子育てで学んだことをベースに書いています。それが単行本として出版されました。ですから、当時はその年齢ぐらいまでのことしか書けなかったというのが事実です。

娘はその後、中学・高校と、多くの親が難しさを感じる時期を過ごしてきました。私も、不安定な娘を理解したいと答えを探し求めました。娘と会話を重ねました。ところが、幼かった頃と違い、彼女の心は簡単には理解できません。「なぜ、そんなことを言うの？」「なぜ、そんなことをするの？」と、私の理解を超えることがたび重なります。彼女を理解したい、親として自分はどう考えればいいのかを知りたいと、本を探して読んでみたりもしました。

そのプロセスで学んだこと、気づいたことを、娘が思春期を経て大人になった今、「ハートフルコミュニケーション・思春期編」としてお伝えする準備ができたと感じています。

その間、思春期の子を持つ多くの親たちとも会話を重ねました。そして親たちが、この時期の子どもをもっと理解したいと切望していることを知りました。

この本では、特にその年齢の子どもをどう理解し、サポートすればいいかを考えていきたいと思います。子どもの完全な自立まであと一歩。子育ての最後の仕上げです。思春期の山を越え、子どもたちは親のもとを離れていきます。

そのプロセスができる限り平和であるために、そして、巣立っていく子どもたちとのよりよい関係を維持するために、私たち親ができることを考えましょう。

ハートフルコミュニケーションを語るあらゆる機会において、私は「私の言うことを信じないでください」とお願いしています。

私は心理学者でも教育者でもありません。私は働く一人の母親です。

ただ企業における人材開発や人材育成の仕事をしているおかげで、「人」に関して多くを学ぶ機会を得ることができました。その学びに基づき、知識を深め、自分の子育てで体験したことを皆さんにお伝えしています。

この本をお読みいただくときも、この本に書いてあることを「そういうものである」と信じるのではなく、「私にとってはどうだろう」「わが子には適応できるだろうか」と考える材料にしていただきたいと思います。

この情報化時代、子育ての情報もあふればかりに存在しています。情報は、自分がものを考えるときに参考にするもので、信じて盲目的にしたがうものではないことを理解してください。何が自分にとっていいのかという軸を持ち、そのときどきの新しい情報に合わせて検討するという姿勢が大切です。そして親の考え方の「軸」こそが、思春期の子育てにとって最も重要な要素のひとつです。この本の中に、ご自身にとって参考になるいくつかの発見がなされることを祈ります。

ハートフルコミュニケーションにふれる多くの方が、「あと10年（20年！）早く出合いたかった！」とおっしゃいます。「こんなに大きくなってしまった子どもを、今さら……」と思われるのでしょう。

でも、たとえ子どもが何歳になっていようと、もし子どもが「愛すること」「責任」「人の役に立つ喜び」を学んでいないと感じたら、まさに今が育てのときです。そして、それはいつも「愛すること」から始まることを忘れないでください。

10代の子どもの心のコーチング＊目次

第2章 子どもに何を教えればいいのか

第3章 親の立ち位置と学ぶべきこと

第5章 「愛すること」を教えきれなかったと感じる親へ

第6章 「責任」は生き方の質を決める

第7章 「責任」を教えきれなかったと感じる親へ

第8章 「人の役に立つ喜び」は生きることの充足感

第9章　親の自立

第1章

子育てはどこを目指す

大きくなった子どもにどう生きていてほしいですか？

「大きくなったお子さんに、どう生きていてほしいですか？」

この質問に、あなたは何と答えますか？

お子さんが成人している姿を思い浮かべてください。彼は、彼女はどんな人になっているでしょう？　どんな生き方をしていますか？　あるいは、どんな生き方をしていてほしいですか？

ときどき、その質問を親たちに投げかけます。

「大きくなったお子さんに、どう生きていてほしいですか？」

返ってくる答えの多くは、「幸せでいてほしい」です。

「幸せになるためには、お子さんは何を学ぶ必要がありますか？」

ここで親たちはハタと立ち止まります。

「あまり考えたことがないので、よくわからない」

それが本音でしょう。

私たちは、毎日の子育てにおいて、未来を考えてこうしようとか、子どもの将来のためにはこの対応のほうがいい、などと考えて行動はしません。子どもの未来のために、親として自分が今どうあるべきかなどとは思いつきません。

家事や仕事を終えて、子どもを寝かしつけなければならない母親は、そんなことを考えている暇などないのです。また、会社での仕事に疲れ、家に帰ってまで子どもに何を教えるべきかなどと考えるほど、父親の生活に余裕はありません。とにかく子どもを守り、一日一日を無事に終えることが親の仕事です。

ですから、自分の対応のひとつひとつが、子どもの未来にどんな影響を与えているかなどと、考えることはありません。

考えることがあるとしたら、子どもの未来のために、子どもの才能の発掘のために、子どもに何をさせるか、どんな習い事を、スポーツを、学習をさせるかです。

ところが、本来、私たちが考えなければならないのは、もっと基本的な才能の発掘です。「生きる力」の発掘です。

子育てで親が目指すのは子どもの自立

「生きる力」とは、自分の人生を大切にし、楽しみ、日々起こるさまざまな問題に対応できる力です。苦しいことに耐えて前進する力です。自分の中に起こる感情的なものをうまく制御し、人の感情ともうまく付き合う力です。自分にとって何がよいか、よくないかを見極め、自分の人生を作り上げていく力です。どう生きるかを決める基本的な力です。

生きる力は、習い事などで身につく、何かができるという力と同様、あるいはそれ以上に重要な力です。

本来、人はその力を持って生まれてきます。

ところがそれは、引き出されないと使える力にはなりません。同時に、やり続けないと身につかないものなのです。

そこで、その力を引き出すやり方として、「愛すること」「責任」「人の役に立つ喜び」を子どもに教えることを提案しているのが、ハートフルコミュニケーションです。幼児期にそれをどう教えるかの具体的な提案は、『子どもの心のコーチング』に記しました。

生きる力を身につけた子ども、それはまさに自立した子どもです。

子どもの生きる力を引き出すやり方は、彼らの存在を全面的に肯定することから始まります。「愛すること」です。条件をつけずに、あるがままを受け入れることです。それが子どもたちの生きる基本となります。ここにこうしていることが肯定されてはじめて、本来の力は発揮されます。

そして次が、子どもを「できる」人として受け止め、子ども自身の成長に合わせて、彼らの「できる」を見守ることです。彼らを信じ、彼らの日々を彼らにまかせることです。できる限り手出しはせず、求められたときに最小限の手助けをします。信じられ、まかされた子どもは自分の力を使います。力は、使うにつれて成長するのです。

自分の日々を自分の力で生きること、それが「責任」です。大人であれば当たり前のことですが、その力は大人になって急に発揮されるものではありません。子どものときからそのようにされて育つものです。

友人の一人がキャリアカウンセラーとして活躍しています。仕事につきたい若い人たちの話を聞き、適性を見つけ、仕事につけるようカウンセリングします。

驚くべきことに、カウンセリングを受けに来る若者の多くに母親がついてくるそうです。そして、カウンセラーの質問のひとつひとつに、母親が答えるそうです。

「それ、男の子が多いの？　女の子が多いの？」と聞くと、

「圧倒的に男の子が多いわね。そもそも女の子はカウンセリングを受けに来ないのよ。女の子は、家にいても家事手伝いということで何とかなるし、結婚できれば、必ずしも働かなくていいから」

生きる力を養われなかった子どもたちの姿がそこにあります。

若い人が親の家から出て、仕事を見つけ、自分の人生を創っていくことは、一人の人として当然で、自然なことです。ところが、親の家において、力が発揮できるような訓練を受けないまま育つと、そんな自然なことさえできなくなるのです。

子どもの自立は、ある日突然にはやってきません。親が子どもの自立を目指し、小さなときから、彼らの成長に合わせて彼らの日々を彼ら自身にまかせていくとき、子どもの自立はやってきます。

思春期とはどのような時期か？

この本のテーマとなる「思春期」とは、どのような時期なのでしょう。子どもの思春期について考えてみましょう。思春期とは何でしょう。

人間は、何度も親からの離脱を経て大きくなっていきます。

最初は子宮からの離脱です。居心地のよかった子宮から、子どもは大変苦しい思いをして、この世に生まれてきます。このときの母親の苦しみも、並大抵のものではありません。

次は、子どもが歩き始めた頃でしょうか。親の腕の中にいた子どもは、自分の足で立ち上がり、自分の意志で移動を始めます。子どもは何度も転ぶ痛みを体験し、子どもの面倒を見る人は、この時期、大変な労力を使います。自分の意志とはいえ、危ないものの区別がつかない時期においては、子どもの身の安全を守るのは大変な仕事です。

この頃までの離脱は肉体的なものがほとんどです。精神的には、この頃までの子どもは命をかけて親を求めます。当然です。そうしないと生きていけないのです。さっきまでニコニコだったのに、母親の顔が見えなくなると、火がついたように子どもは泣きだします。

この時期は、母親にとって、じつは大変満ち足りたときです。人生においてあまりない体験をするからです。子どもからの愛情です。あれほどまでに人から求められる体験はほかにはありません。「うるさい」ととるか、「こんなに愛されるのは今しかないな」と楽しむかによって、母親体験は大きく変わるでしょう。

＊思春期とは、自分の存在価値に空白ができるとき

小学４年生頃から、精神的離脱が始まるように感じます。

それまで子どもは、親の人格に寄り添って生きてきました。そしてこの時期から、子どもは一人の人としての人格を作り上げるために、徐々に親から離れ始めます。

特に中学生、高校生になる頃は、親と自分の存在を完全に切り離し、自分個人の人格を確立し始める時期です。この時期、子どもたちは、大変憂鬱《ゆううつ》で不安の中を生

きています。親との距離をどんどんあけてはいても、個人としての価値を確立できているわけではありません。

子どもにとってはこの時期、その存在価値に空白のときができるのです。思春期はそんなときであると、私は考えます。

この空白のときにおいて、特にピークは16～17歳であるように思いますが、子どもの記憶も空白になることが多いようです。私自身も含めて、この頃の記憶になぜか、もやがかかったようになっている話をよく聞きます。自分のどろどろとした内面の葛藤《かっとう》を、思い出したくないからでしょうか。

ある人が息子の話をしてくれました。現在は就職して3年目になる息子が、16歳のときに街でバイクを盗み、それを乗り回して警察に補導されたという話です。とても素直ないい子だったのに、親として大変ショックを受けたと話してくれました。

彼女はその時期、息子のことを心配し、大変悩んだようです。思春期も、ほかの離脱のときと同じく、親子ともに痛みのともなう時期といえるでしょう。

しばらく時間が経過して、彼女は息子に聞いたそうです。「なぜあんなことをしたの？」。息子は「わからない」と答えたそうです。「そのときのことはよく覚えていない」と。ごまかしているというより、本当に記憶にもやがかかったようだったと彼女は言います。

これは一例ですが、これとよく似た、またほとんど同じ話をよく聞きます（なぜか一番よく聞くのが、バイクを盗んで乗り回す16歳の男の子の話）。そして、その時期が過ぎると子どもたちは、けろっとそのことを忘れ、進学したり就職したりと、平和な日々へと戻っていくのです。

もやの中で行われる問題行動が、できる限り、けろっと忘れられる程度の悪さにとどめられるようにしたいものです。

私の娘も例にもれず、17歳の頃に大変不安定な時期がありました。大学に入学する頃には、いつもの快活な彼女に戻りましたが、当時の不安定さに話が及ぶと、「私、本当にそんなに不安定だった？　よく覚えていない」と話は終わってしまいました。

そして、大学入学と同時に、学校の近くに部屋を借りて、さっさと家を出て行ってしまいました。18歳になっていたのです。

「18歳を過ぎたら自分の人生」、心の中でそうエールを送りました。あっけらかんと家を出て行く娘に、私も18歳で親元を離れて大学へ行ったことを思い出し、姿を重ねました。

思春期の入り口は10歳ぐらいでしょうか。それから約8年。後半は特に、子どもにとって大きなサポートが必要なときです。ところが難しいのは、子どもがそのサポートを拒絶することです。

必要であるにもかかわらず拒絶する——思春期とはそんな時期なのです。

事件を起こす思春期の子どもたち

近年、世の中で起こる事件を見ていると、この時期の子どもたちが大変無防備であると感じます。空白のときをさまよう状態のまま、無防備なまま、世の中に送り出され、とんでもない事件を起こしてしまうという感覚がぬぐえません。

それは、2000年5月に起こった、佐賀のバスジャック事件の報道に接したときに感じたことでした。佐賀発福岡行きの走行中のバスを、17歳の少年が乗っ取ったのです。最終的に1人が死亡、5人が負傷するという不幸な結果となった事件でした。

バスに立てこもる少年に対し、両親は説得を試みたに違いありません。警察もそれを要望したはずです。

ところが、親のその説得が力を持たなかったとしたら、親としてこんなに悲しいことはありません。私は、親を思い、その少年を思い、心を痛めました。

少年は、事件を起こすもっとずっと以前から、大きな力で守られなければならなかったのです。その力とは、彼が自分をコントロールすることを学ぶまで、彼にかわって彼をコントロールしてくれる力です。

それが子どもたちを守ることであり、思春期を終えるまでの空白の時間を守ってやることなのだと、私は考えます。

＊この子たちをコントロールしてやって！

先日、内心「この子たちをコントロールしてやって！」と切に願う体験をしました。それは日常的な、誰もが目にするような一場面です。

あるスーパーでの出来事です。30代半ばの母親が、7歳と5歳ぐらいの男の子を連れて買い物をしています。二人の男の子は、スーパーの中で追いかけっこをして騒いでいます。追いかけるのに夢中で、ほかのお客さんにぶつかってはひんしゅくを買っています。

母親はというと、気のない言い方で、しかも子どもたちを見ることもなく、「静かにしなさい」と小声でつぶやきます。明らかに、この子たちを静かにさせるのは無理だと思っている様子です。

私はしばらく眺めていました。私にぶつかってくることを期待しながら。ぶつかってきてくれれば、この二人に話すチャンスがつかめます。

ところが、二人はぶつかる相手を間違えました。彼らがぶつかったのは、私と同じくらいの年齢の女性。彼女はイライラした口調で、「ここは公園じゃないのよ!!走り回るのはやめなさい!!」と荒々しく言い放ちます。母親は、気づいていないふりをして買い物を続けます。

すると子どもは、おどけた様子で、まるでその女性をからかうかのように、彼女の言葉をまねてみせました。

「こうえんじゃないのよ!! はしりまわるのはやめなさい!!」

私はこの瞬間、思いました。もしそれが私の子どもなら、とっくの昔にお仕置きされていると。

他人に対してそんな失礼な態度をとるまえに、子どもは抑制されるべきなのです。親によって抑制されるプロセスで、子どもは自分をコントロールすることを学びます。

まず驚いたのは、子どもがこれほどのことをしていても、親が知らぬふりをできるということです。同時に思ったのは、きっとこのお母さんは、子どもを静かにさせる方法を知らずにここまで育ててきて、今この状態にうんざりしているのだろうなということでした。

空白の時期まで、誰にもコントロールされず、自分をコントロールすることを学ばないまま大きくなった子どもは無防備です。まるで、ガラス食器のお店に飛びこんでいく暴れ牛のようなものです。自分を傷つけ、まわりを傷つけてしまいます。子どもが大きな傷を負うまえに、親の手で、たとえ小さな痛みがともなうとしても、私たちは子どもにどう振る舞うべきかを教えなければなりません。

子どもを自立させるというのは、人生を幸せに導くために必要な要素を、彼らに学ばせることです。それは皆、知っていて当然のことではなく、親が子どもから引き出さなければならない智恵なのです。

教えなくても、彼らはおっぱいを飲みました。歩きだしました。話し始めました。あらゆる能力を発揮してきました。それは、その能力を発揮する環境が整っていたからです。環境が子どもの力を引き出しました。

そして引き続き、私たち親は、彼らが大人へと育っていける環境を作ってやらなければなりません。

かつて子どもを守っていた二つのシールド

一昔前、かつての親たちは、子どもの自立のことをそんなに真剣に考えたのでしょうか。

私たちの親たちは、私たちを自立させるために、どのように環境を整えなければならないかを、それほど考えたのでしょうか。

必ずしもそうではありません。私たちが子どもの頃、親たちは、それほど真剣にどう子育てするべきかを考えてはいなかったと思います。

なぜなら、かつては、社会そのものに子どもを育てる力がありました。

ひとつは、地域社会に子どもを育てる力がありました。目には見えない地域の連帯意識や連携が子どもを守り、子どもに何がいけないかを教え、子どもを育てたのです。

私が育った家の隣の家の玄関に落書きが発見されたとき、隣のおじいさんは自分の孫も含め、可能性のある隣近所の子どもを集め、「この絵はうまく描けている。

誰が描いた?」とたずねました。そこで気をよくした私の兄が手をあげ、兄は隣のおじいさんに大目玉を食らいました。

でもそれで、親同士の、大人同士のもめ事にいたることはありませんでした。子どもをみんなで育てるのは、ごく当たり前のことだったのです。

家の近所に、私と同じクラスの子で、今でいう不登校の子がいました。親が仕事に出かけたあと、学校に行かずに布団にもぐりこんでいるのです。私の母はそれを見つけては、その子を自転車に乗せてよく学校まで届けたものでした。母にしてみれば、気がついた自分が面倒を見るのは、ごく自然なことだったのでしょう。

そんな具合に、世の中が子どもを育てたものです。

また、世の中にたくさんあった「畏《おそ》れ多きもの」が子育てを楽にしていました。「畏れ多きもの」とは、現実的な恐怖とは異なり、尊厳や威厳があって、それに対しては多少の緊張をもって接しなければならないものです。

かつて世の中には、たくさんの畏れ多い存在がありました。かつて「お父さん」はその一人でした。「学校の先生」「警察官」など、身近なところにもたくさんの畏れ多い人たちがいたのです。

また、得体の知れないこわいものもたくさんありました。嘘をついて閻魔様《えんまさま》に舌を抜かれることを恐れたり、しゃもじについたご飯粒をなめて、口の大きな子を産むよと脅されたり、子どものまわりはこわいものでいっぱいでした。でも、それらのこわいものは、自分を律している限り、私たちを苦しめることはなかったのです。

それらの「畏れ多きもの」やこわいものの存在のおかげで、私たち子どもは、世の中には超えてはならないもの、犯してはならないものがあることを、うすうす感じて育ったのです。

つまりかつての私たちは、身近な大人たちの愛情と、目には見えない、超えてはならない「畏れ多きもの」に守られて自立の道をたどりました。それらのものはシールドとなって、大人になるまで私たちを守ってくれました。

大人たちの愛情は、外界から私たちを大きく包みこみました。そして、「畏れ多きもの」やこわいものは、外界の攻撃から私たちを守るのではなく、超えてはいけないものを超えないように自分をコントロールするやり方で、私たちを守ってくれたのです。

でも、そのシールドの中で、子どもたちは自由でした。日本がまだ貧しかった頃、また日本の高度成長期の初期において、生活を豊かにするために懸命に働く親たちには、子どもの生活に干渉する時間はなかったのです。

現代は子どもを守るものがない時代

ところが、経済的に豊かになり、世の中が成熟し、情報化が進むと、そのシールドが壊れ始めます。

地域の連帯はくずれました。誰も、よその子どもにまで目を向けたりはしません。下手によその子育てに口を出すと、大変なことになります。

「畏れ多きもの」の存在も姿を消し始めました。

「お父さん」も「警察官」もこわくないと知った子どもたちは、傍若無人《ぼうじゃくぶじん》に振る舞います。もともと、超えてはならないものの存在すら知らずに育ったのですから、自分の振る舞いが傍若無人であることすらわかってはいません。

「学校の先生」がえらかったのは、親たちがそう教えたからです。だから、子どもたちは無条件に「先生はえらい」と思っていました。

今はどうでしょう。

先生はよくて当たり前。少しでも不満があると、親たちは先生を批判します。親が先生を批判する姿を見て、子どもたちは先生がえらくないことを知ります。子どもの世界からまた、「畏れ多きもの」がひとつ姿を消します。

閻魔様に舌を抜かれるなどと非科学的なことを言うと、笑われる時代です。しゃもじをなめると口の大きな子が生まれることを立証するものは、どこにもありません。

すべての「畏れ多きもの」とこわいものは姿を消しました。

そして今、その影響を一番受けているのが子どもたちです。子どもにとって「畏れ多きもの」やこわいもののない世界は、彼らを守るシールドのない世界であることに、親は気づいていません。

今、子どもたちはシールドのない世界で、自分をコントロールしてくれる力を失い、薬物やさまざまな犯罪、いじめや自殺、自分を育てるべき時期に引きこもってしまうなど、さまざまな不適切で、あるべきではないものに身を投じてしまいがちです。

どう生きたらいいのか大人も迷う時代

時代の変化は、子どもにだけ影響を与えるものではありません。私たち大人も、同じくその変化に翻弄《ほんろう》されています。

かつて子育て力のあった社会には、たくさんの「べき」や「べきではない」がありました。子どもは親の後を継ぐべき。子どもは親の言うことを聞くべき。年寄りを大切にするべき。目上の人には逆らうべきではない――。

それは、ある伝統や習慣に根ざした生き方でした。そのひとつが「家」でした。家には「畏れ多きもの」が存在し、その「畏れ多きもの」に見守られながら（見張られながら？）、私たちは生きました。

たくさんの「べき」は、私たちを窮屈にしました。窮屈であるにもかかわらず、私たちの人生は安全で安定していました。「べき」にしたがっている限り、向かうところははっきりしていて、周囲に期待された人生を生きることで、それなりの意味が見出せたからです。

伝統にそった生き方の中で、重要なことは生きることであり、日々の生活そのものでした。伝統が私たちを支えている限り、それ以上のことは考えずにすんだのです。

＊誰でも生き方を自由に選べる時代

ところが今、私たちは自由な選択の中に投げこまれています。「家」という束縛から解き放たれ、人々は自由な人生を生き始めています。生きることではなく、「どう生きるか」が重要となってきています。

つまり、誰でも生き方を自由に選べるようになってきたのです。どう生きる「べき」ではなく、どう生きたいかという欲求にそって、人は生きるようになってきているのです。

それは同時に、どう生きたいかはっきりしない限り、自分はダメなのではないかというあせりに私たちを駆り立てるものでもあります。

またもうひとつの問題は、その選択肢があまりにも多いことと、そのすべての選択が私たち個人にゆだねられていることです。

「あなたのやりたいことは何？」

そんなことを聞かれて、すぐに答えられる人がいるでしょうか。世の中は「やりたいこと探し難民」であふれています。あなたは、自分は一体何がしたいのだろうと、悩んだことはありませんか？　今のままでいいのだろうかと、あせりを感じたことはありませんか？

仕事を辞めたいという人に「辞めて何をするの？」と聞くと、「わからないけど、もっと自分に合った生き方があるんじゃないかと思って」と答えます。まるで、買い物をしようと勇んで出かけたものの、商品がありすぎて選びきれず、疲れはてて、何も買わずに帰ってくるときのような状態です。

講演会でよくされる質問のひとつに、「中学生にもなるのに、はっきりとした方向性を持っていない。どうしたらいいでしょう？」という類のものがあります。私は言葉を失います。

もし中学生で何になりたいかがはっきりしていたら、それは大変幸せなことです。でも、それがなかったからといって、不幸でも問題でもありません。人生14年しか生きていない子どもに、それを選べというほうが無理です。

子育てに関しても同じことがいえます。

世の中に子育て情報はあふれています。何を信じて、どんなやり方をしようと自由です。

ところが、その自由が私たちを惑わせます。

近所のお母さんは、自信を持って早期幼児教室に子どもを通わせます。別のお母さんは、音楽にスポーツにと打ちこんで（子どもを打ちこませて）います。

そんな姿を見て、自分は何をすべきだろうと迷います。自分の子どもには何をさせたらいいのだろうと悩みます。自分以外の人は何かを知っていて、それに向かって子どもを育てているように思えて、そうでない自分にあせりを感じます。自分はダメな親なのではないかと悩みます。

すると余計に、子どもには何か特技を身につけさせ、確信を持って生きられるようになってほしいと、子どもに期待がかかります。

今こそ親が学ぶとき

私はハートフルコミュニケーションの講演で、参加者の皆さんが「え？」と思うようないくつかのメッセージを発しています。

まず講演の最初に、「私が言うことを信じないでください」とお願いします。そして講演の途中で、「子どもをほめてはいけない」と話します。さらに「子どもの言葉を信じてはいけない」と続き、最後によく参加者の方にかみつかれます。

「じゃあ、私たちは一体どうすればいいんですか！」

私の発している言葉はすべて、世の中の情報を鵜呑《うの》みにすることへの警告です。鵜呑みにして情報に振り回されるのではなく、一人の親として、人として、世間が何と言おうと、自分の子どもの本当の幸せはどこにあるのかを考えなければならないということです。

世の中は情報にあふれています。何を選ぶかも私たちの自由です。日々情報は更新され、どんどん新しいものが出てきます。そのひとつひとつが魅力的でもあります。

そして、そこにわなが潜んでいます。

私たちは、どのくらいそれらの情報を吟味し、自分にとって有益かを確かめているでしょう。自分や自分の子どもにとって、何がいいかを、どのくらい考えているでしょうか。情報をうのみにし、考えることなく、よさそうなものに安易に身をまかせてはいないでしょうか。

たとえば、「子どもはほめて育てろ」と言われ、その深い意味も考えないままほめて育てて、じつは問題を育てていることに気づいていない親が多いのではないかと思います。

ほめられただけの子どもは、万能感を膨らませ、自分の実像を適切に把握することなく世の中へ出て行きます。これは本人にとって、そしてそのまわりの人々にとって、幸せな結果を生まない危険をはらんでいるのです。

「畏れ多きもの」のいた時代においては、ほめることは大変重要でした。

子どもはつねに「畏れ多きもの」に囲まれて生きていました。ときどき、その「畏れ多きもの」の一部である父や母、または別の大人にほめられることは、それらを犯したり、超えたりできないところにおいては、自分を認めるための重要な要素だったのです。

ほめられて、子どもは「これでいいんだ！」と思うことができました。つまり、シールドに守られた中での自信を持つことができたのです。

そのシールドのない今、下手にほめると、子どもの万能感はどんどん膨らんでいき、「自分はえらい！」と勘違《かんちが》いしてしまいます。この勘違いは、いずれどこかで破綻《はたん》してしまう恐れがあります。

たとえば、「ほめて育てろ」ひとつをとっても、その言葉の意味を自分の中に取りこんでよく考えることが、今の私たち親に求められていることではないでしょうか。

さまざまな情報や機会にふれることは刺激になります。ただし、それらは、あくまで一般的な情報や機会であって、本当に自分の役に立つかどうかはわかりません。

子どもの状態や子どもがおかれている環境をよく見極め、子どもにとってもっともいいものは何かを考える時間と姿勢が、今、親に求められています。

子どもにまつわる問題や事件のすべてが、今立ち止まり、子育てを考えようと提案しています。親が考え、自分を見つめ、自分を語り、子どもとふれ合わない限り、子どもの成長を援助することはできません。今こそ、私たち大人が立ち止まり、親として、一人の人として、自分を成長させるときなのです。

第 2 章

子どもに何を
教えればいいのか

子どもの「じりつ」は自立と自律

子どもの「じりつ」には、二つの意味があります。子どもが、この二つを学んだとき、本当の意味での自立が可能になります。

ひとつ目の「じりつ」は「自立」です。ハートフルコミュニケーションでは、7歳までに基本的な自立の種を植えて、小学校へ入学させることを提案しています。自立の基礎は、基礎体力のようなものです。それは持続的に何かをやり続けることのできる力です。自立の種を植えてもらった子どもは、日々の生活の中でその力を開花させていきます。

毎日登校すること。学習に向かう基本姿勢。同年齢の人たちとの良好なコミュニケーションを維持すること。先生など親以外の大人とコミュニケーションを取ることなど、さまざまな状況における問題処理の方法を学んでいきます。この基礎体力をつける方法は、具体的に『子どもの心のコーチング』で紹介しています。

もうひとつの「じりつ」は「自律」です。これは自分を律する力です。

特に思春期における子どもは、さまざまな新しい自分を模索している時期にあります。そんなときは往々にして、感情や思考、行動の面において、極端になったりはみ出したりしがちです。だから親はハラハラさせられます。

そのようなときに重要な力が、自律です。

自律とは、自分と向き合う作業です。ある瞬間、自分と向き合い、善悪を考え、行動の先にある結果を予想します。自分の行動がまわりに与える影響を考えられるようになったとき、子どもは完全な自立へと向かいます。

自立をうながし、自律を学ばせるために、親は子どもに何を教えればいいのかをまとめてみましょう。

「じりつ」のために親が子どもに教えたいこと①

自分には生きる価値がある

思春期の子どもにとって大変重要なことは、自分に存在する価値があると知っていることと、居場所があるということです。

特に思春期は、親と自分の存在を完全に切り離し、自分個人にその価値を見出し始める時期です。親とひとつではないし、個人としての価値を確立できているわけでもありません。存在価値に空白のときができるのが思春期です。

ですから、その空白を支えるものとして、これまで以上に、自分をしっかり受け止めてくれる居場所が必要です。受け入れられ、必要とされ、求められることです。求められるということはつまり、自分には存在価値があるということです。

＊存在価値の認識は、いじめに負けない力となる

いじめが悲惨なわけは、その両方ともをその人から奪い取る行為となるからで

す。学校において長期間いじめられたり、無視されたりするのは、まさに学校においては自分が存在する価値もなければ、居場所もないと感じさせられるのです。ましてや教師がいじめから自分を守ってくれなかったとしたら、全否定された子どもが死にたくなる気持ちはわかります。子どもの命を守るためにも、いじめのない学校や社会を作ることは大切です。

同時にもうひとつ、私たちがしなければならないことは、人生は生きる価値があること、自分には生きる価値があることをしっかり教え、その体験ができる場をより多く持たせることです。

そうすることで、子どもの中にいじめに対応できる力を育てます。

いじめのない学校や社会は理想ですが、その理想が実現したことがあったでしょうか。理想をあきらめろとはいいません。でも、いじめをやめろと世間に向かうと同時に、いじめをはねつけるだけの力を、子どもに与えたいと思います。

いじめは、いじめる人といじめられる人という単純な構図では起こりません。いじめる人といじめられる人の気質や家庭環境、学校の環境、そのときの状況など、さまざまな要素が重なり合って起こります。ですから、「なぜこの子が?」「なぜこのような状況が?」と驚くような複雑な状態ができ上がってしまいます。

その複雑さに対応するためには、対策も多岐にわたります。学校はいじめ対策に取り組む必要があります。親は子どもの気質を考慮したうえで、子どもを支える家庭環境作りに取り組む必要があります。

そして、対策の中でももっとも重要で力強いのが、子ども個人に、自分の存在価値を強く認識させることです。それを可能にするのが、無条件に「愛すること」です。

当然ながら、親が子どもを求めていることを、子どもが知っていることが大切です。家庭が子どもにとって、確実な居場所になっていることです。たとえ世間中が彼・彼女をいじめても、家には全存在をかけて守ってくれる親がいるという自信を与えることです。

そこには兄弟姉妹も、祖父母もいるかもしれません。彼ら同士が愛し合える場を作ることです。けんかをしないということではありません。しょっちゅう顔をつき合わせて暮らすのですから、けんかはします。でも基本的な強い絆《きずな》を作ることです。

一緒に暮らしてはいなくても、実家の祖父母や、おじさん、おばさんの存在も大切です。子どもがたくさんの肉親と出会う場を作り、彼らから愛される機会を作ります。さまざまな人間関係において愛され、自分の生きる価値を見出させるためです。

「じりつ」のために親が子どもに教えたいこと②
人生は自分次第である

先日、小さなお子さん連れの来客がありました。

４歳ぐらいの女の子は、テーブルにあるお菓子に目をとめ、お母さんに何かささやきます。お菓子がほしいんだろうなと思いましたが、何も言いませんでした。そのお母さんは、お子さんを励ましている様子です。女の子は「お菓子ください！」と私に声をかけます。彼女が自分の力で、ほしいものに手を伸ばした瞬間です。私はにっこり笑って「どうぞ召し上がれ」。彼女はほしいものを手に入れました。

＊「あなたがお願いしてごらんなさい」

娘が小さかった頃、子ども向けのイベントで配られるちょっとしたものや、飾りつけに使われている風船など、さまざまなものを彼女はほしがりました。

「お母さん、もらってきて」と言う子どもに、「あなたが行ってお願いしてごらんなさい。ほしいのはあなただから」とよく子どもを後押ししたものです。見守りながら待っていると、子どもはほしいものを手に入れて意気揚々《ようよう》と帰ってきます。

私が子どもにかわって、彼女のほしいものをもらいに行かないのは、子ども自身が何かを求め、その思いが直接的に彼女の手に返ってくる実感を体験させるためです。

もちろん、ほしいものが手に入らないこともたびたびです。それでいいのです。それもひとつの反応です。

とにかく、自分が動けば何か反応が返ってくることを、たくさん体験させました。

勉強に関しても同じです。

娘は中学を受験し、高校までの6年間をその学校で過ごしました。中学に入学して最初の試験の成績は悲惨なものでした。学校から「本学園の生徒にはふさわしくない成績」との、親に宛てた手紙つきです。私は成績表と手紙に目を通すと、「あらま！」と一言。「これ3枚たまると退場（退学）になるの?」と一緒に笑い、試験結果の話は終わりました。

学校では実力試験のたびに、主要科目に関して750人中上位100人が発表され、親にもプリントが配られます。娘はまもなく、いくつかの科目で、上位100人の常連になりました。もちろん、科目によっては地を這《は》うような成績もありました。それでいいのです。

娘は、自分は何が得意で何が不得意か、何をすれば成績という結果がどのように返ってくるかを、自分の手で確認しながら進みました。親の干渉を交えずに、しっかりと自分の手で、現実を受け取ることができたのです。

＊人生は自分次第

人生は自分次第です。

私たちの言動に対して、世の中は必ず何らかの反応を返してくれます。ほしいものに手を伸ばしたときに、ほしいものを与えられる。ほしいといっても与えられない。勉強したら成績が上がった。勉強したのに思ったほど成績が伸びない――。

ほしいものに手を伸ばすときの伸ばし方も、テーマのひとつです。どんなやり方をするとうまくいくか。何をやるとうまくいかないか。子どもは、自分で考え、自分の感覚で学んでいきます。

その基本を体で理解している人は、自分の人生をよりよくしようとすることに意欲を燃やします。なぜなら、自分次第でよくなることを知っているから。同時に、自分から働きかけなければ、何も起こらないこともよく知っています。

ところが、自分から働きかける機会を与えられなかった人は、人生が自分次第であることを学びません。四六時中、親からのうるさい干渉にさらされると、自分で考えることをあきらめます。

前出のキャリアカウンセラーの友人のところに、親と一緒に来る若者たちがそれです。おそらく、幼い頃から、その親たちは子どもの代理となって、子どもの人生を仕切ってきたのでしょう。

友人のカウンセラーに聞くと、親に席をはずしてもらって若者だけと話すと、彼らもそれなりに自分の考えが話せるということです。

「18歳を過ぎたら自分の人生」。18歳を過ぎても、親の付き添いを断らない子どもがいたら、親は自分の育て方のどこかが欠けていたと判断してもいいかもしれません。人生は自分次第であることを学んではいないのです。

「じりつ」のために親が子どもに教えたいこと③

周囲とよい関係を持つために自分を表現する

自分自身と、それ以外のもの、家族・友人・先生・世の中の人々をつなぐのは、お互いの理解です。お互いに相手のことがわかってはじめて、関係が始まります。その関係を良好なものにするのが、コミュニケーションです。さまざまな相手に対する働きかけ（コミュニケーション）があって、まわりとよりよい関係を持つことができるのです。すべては、自分を表現することから始まります。

最近の子どもの心配な特徴のひとつに、コミュニケーション能力の低さがあげられています。子ども同士の人間関係上の問題が、時に悲惨な結果を生む要因のひとつなのです。私たち親は、子どもが世の中と良好な関係を築くに充分なコミュニケーション能力を、子どもから引き出すことが大切です。子どもに表現させることです。

ある日の夕方、電車の中での出来事です。荷物をいっぱい抱えたお母さんが、４歳ぐらいの女の子を連れて乗ってきました。女の子が、お母さんに向かって駄々をこねるような音を発します。さすがお母さん、それが何を意味するかがわかるようです。さっと飲み物の入ったペットボトルが出てきます。

しばらくすると、お母さんは何も言わずに、彼女のペットボトルを取り上げます。まもなく彼女は、また例の駄々をこねるような音を発します。すると、これもさすがお母さん、袋から小さな飴《あめ》を取り出して、彼女の口に入れます。言葉を使わなくても、子どもが求めているものがわかるのです。

しばらくおとなしい彼女。そしてまた、彼女の口から例の音が発せられます。お母さんはまたペットボトルを与えます。ここで一言二言、二人は言葉を交わします。安心しました。彼女は言葉を話すのです。

この様子を見ながら、私はある週刊誌の取材を思い出しました。「会話が続かぬ子ども」というタイトルで、最近の子どものコミュニケーションが問題だ、という内容の記事にコメントを求められました。子どもに何を聞いても答えは単語だけで、自分の感情を伝えられず、そして、突然キレてしまうというのです。

＊あえて言葉で説明させる

子どもが言葉ではなく音で何かを求めたときに、「何がほしいの？」と言葉を使うことを求めれば、子どもは舌足らずながらも言葉で表現します。それは、子どもが片言を話し始めたときから始まります。

ところが、毎日一緒にいる母親は、「うー」とか「あー」という音だけで子どもが何を欲しているかがわかってしまうので、あえて言葉にさせるという面倒なことをしなくても用がすむのです。言葉を使わない子どものでき上がりです。

言葉がなくても相手を感じ取るのは、大変重要な能力です。ところが、それに頼ってしまうと、子どもは話すことで自分を表現することを学べません。親子の間ではそれでよくても、一歩外に出れば言葉なしには意思疎通は図れないのです。

たとえ親子の間でも、子どもが大きくなるにつれて、言葉のないコミュニケーションは難しくなります。言葉は、人類に与えられた意思疎通のための最高の道具です。その道具をうまく使えるかどうかは、ひとえに育った環境でどのくらい表現することを求められたかによるのです。

わが家でも子どもが小さい頃、言葉を使わず何かを要求したり、何かが気に入らないとぐずぐず泣きだしたりすることがありました。そんなときは必ず、「なぜ泣いているのか教えて」と言葉を使うことを要求しました。何で泣いているかの想像はつきますが、あえて言葉での説明を求めました。

世の中と良好な関係を築くために、コミュニケーション能力を子どもの中に育てたいと思えば、察しのいい親ではないほうがいいようです。察しが悪く、「何ですか？」「あなたの意見を聞かせて」と言葉による説明を求めるとき、子どもは親を理解させようと言葉を駆使します。そして、話し始めたら、さえぎらず耳を傾けることです。

大きくなった子どもに対してもやることは同じです。言葉での説明を求めることです。

母と兄の印象的な会話を覚えています。私の兄は利発でおしゃべりな少年でした。ところが中学生頃になると、その年頃にありがちなように突然ものを言わなくなります。

ある日、学校から帰った兄は母に向かって、「おぅ」と小声で何かを求めました。母にはきっと、兄が何を求めているかわかっていたと思います。ところが、母はおどけた様子で「おぅじゃわからん！」とこたえます。兄は「わが子やろ」と返します。母はまたもおどけて、「わが子でも、わからんもんはわからん！」と返します。

幼い頃と大きくなってから、やり方は多少異なっても、子育てでやることは変わらないようです。

「じりつ」のために親が子どもに教えたいこと④
自分をコントロールする

ある方が、思春期の子ども、特に男の子の思春期をうまく通過させる方法として、スポーツがいいと語られました。

思春期は、肉体的にも精神的にもコントロールの難しい時期です。大人になった今、その頃のことをよく覚えていないという人はたくさんいます。人に言えない行いのひとつや二つは誰にでもあるものですが、それらの出来事は忘れてしまったほうがいいと、多くの場合、都合よく忘れるのでしょう。

その時期の行いを忘れられるレベルのものにとどめておくためにも、スポーツで、悪さができないくらいクタクタになるほどしごかれたほうがいいというのが、スポーツを提案する方の考えです。実際、その方のお子さんは、高校・大学とラグビー部に所属し、勉強とラグビー以外、何もする余裕のない日々だったといいます。

かつて、伝統や習慣にしばられ、「畏れ多きもの」に囲まれた暮らしにおいては、それらのものが私たちをコントロールし、思春期の若者もそれほど激しく羽目をはずすこともできませんでした。それが私たちのシールドになっていたのです。「畏れ多きもの」のない今、私たちは、若者に何らかの方法で自分をコントロールする方法を教えなければなりません。スポーツやクラブ活動など、やりがいを感じるもので自分の時間を埋めるというのもひとつの方法です。

また、親が子どもにとってのシールドとなり、子どもが自分をコントロールするのを手伝うこともできます。

友人が、男の子の思春期はやはり大変だったと、彼女の子育てを振り返って語ってくれたことがあります。これは、父親が息子のシールドになった例です。

あるとき、彼女は息子とちょっとした口論になったそうです。そのとき息子の払った手がたまたま彼女に当たり、結果として彼女を叩《たた》くことになってしまいます。ところが、そばにいた彼女の夫、息子の父親は「お母さんを殴るとは何事か！」と息子に殴りかかりました。彼にとってあまり経験のない、父親の鉄拳でした。

それからしばらくした頃、息子と仲のいい友人たちが、そろって家出をしました。ところが、彼女の息子は一緒には行きませんでした。友人いわく、息子は、その友人たちの間において中心的存在なので、そんな計画があったら絶対一緒に行ったはずだと。事が明らかになり、子どもたちが連れ戻された頃、友人は息子に聞いたそうです。なぜみんなと一緒に家出しなかったのかと。そのときの息子の答えに彼女は笑い、息子をコントロールする力の大きさに感心しました。

息子によると、家出しなかった理由は二つ。ひとつは「家出に必要な会費が払えなかった」こと、もうひとつが「お父さんに殴られる痛さを考えたら、とても家出などできなかった」ということでした。

1回の拳固《げんこ》が、いえ、1回だったから、その痛みと恐怖は彼をコントロールする力となったのです。お父さんの拳固は、それからも多くの場面で彼をコントロールし、彼を守ったでしょう。お父さんの拳固は、彼にとって超えられないものだったのです。

たまたまこのときは拳固という暴力でしたが、暴力が答えになるというわけではありません。しかも彼が、継続的によく殴られていたとしたら、その拳固は彼にとってのシールドにはなりえなかったでしょう。継続的な暴力は、痛みと憎しみしか与えません。

拳固に象徴されるのは、子どもが超えることのできない力であり、「畏れ多きもの」と同じく、それがあるがゆえに自分の身を律していないといけないものといえるでしょう。

「じりつ」のために親が子どもに教えたいこと⑤

意識して自分で選択する

今の自分の人生は、自分の選択の結果であることを、どのくらいの人が認識しているでしょう。いいことが起こったときは、自分の努力が実ったと思えます。ところが、好ましくない結果については、誰かのせいにしたくなるのが普通です。私たちが手にしているのは、すべてが私たちの選択の結果です。でも、人のせいにしたくなるのは、自分が意識して選んでいないからです。

重要なことは意識的な選択です。「自分が選んだ」と思えることです。意識的に選択することによって、責任意識が生まれます。責任意識とは、自分の選択に身をまかせようとする行動です。

子どもが幼い頃は、子ども自身にかわって親が選択をしますが、選択の訓練は幼いときから行います。人間は面白いもので、どんなに幼くても、自分の選んだものには責任を持ちます。

一例をあげましょう。先日、ワークショップに参加されたお母さんは、この「選択」というキーワードを、さっそく子どもに試しました。

3歳になる息子は歯磨きが嫌いで、歯磨きをさせるのに一苦労していたそうです。子どもに選ばせるということを聞いたお母さんは、子どもに歯ブラシを選ばせたそうです。子どもが選んだのは、お母さんから見るとちょっと大きめのものです。いつもなら、「それは大きいからこっちにしなさい」とお母さんが勝手に選んでしまうところを、息子の選択にしたがいました。

すると、その歯ブラシを手にした息子は、進んで歯磨きを続けるようになったのです。

お母さんは笑います。

「あんなおチビが、選択をして、そしてその選択の結果の行動を起こしている」

その通りです。どんなに小さな存在でも、自分で選ぶから、その選択に責任を取ろうと行動するのです。

子どもが大きくなるにつれて、より重要な選択に子どもを参加させ、最終的には子どもにその選択をまかせるようにしていきます。

それが何であれ、意識して選ぶことが大切です。そうすることで、子どもはその選択に責任が取れるのです。子どもにはなるべく、物事を自分で選ぶ習慣をつけてやりたいものです。

＊学校に行けないではなく、「行かない」ことを選んだ子

友人の体験です。彼女の息子は小学3年生の頃から不登校になり、中学生になっても学校へは行っていませんでした。彼女は悩み、親としての成長が必要だと感じて、さまざまな学びの場に自分をおきます。

そこで学んだことのひとつが、選択することの力でした。彼女自身が、意識して人生を選択することで、彼女が被害者にならずにすむということ。自分が選んだという意識があれば、その現実をよりよいものにする意欲もわくということを、彼女は学びました。

彼女の素晴らしさは、その学びをそのまま、子どもとのコミュニケーションに生かしたことでした。

彼女は息子と向き合いました。学校へ行くか、行かないかを選ばせたのです。息子は、行かないことを選択しました。息子に意識的な選択をさせたのです。

彼女の肩から、息子を学校に行かせようとする負担がおろされました。彼は「行

けない」のではなく、「行かない」ことを選んだのです。彼にとってこの選択は、大変意味のある体験だったと思います。

中学2年生になったとき、今度は、彼は選択授業に参加することを選びました。先生の努力もありました。音楽の得意な彼に対して、軽音楽の授業に、彼なしでは難しいと居場所を作ってくれたのです。選択授業のみに参加するようになった彼は、中学3年生で高校受験を決意します。

突然、高校受験を言いだした彼に、彼女はとても驚いたと言います。そして、何のために高校へ行くのか、説明を求めました。息子に意識的な選択を求めたのです。息子の答えは、「同年代の人たちとのコミュニケーションを学ぶ」でした。

彼は受験の準備をし、高校に入学しました。そして、3年間の高校生活を楽しんだようです。

「できない」と「しない」には、大きな違いがあります。「できない」と言っている間は選択がありません。ところが、「しない」を選択した瞬間に、「する」という選択が生まれます。

私にもよく似た体験があります。

娘が中学に入学してまもない頃、彼女は新しい環境に不適応を起こしていました。不適応は彼女から食欲を奪い、1カ月で彼女は別人のようにやせてしまいました。

そんなある朝、娘は「今日、学校へ行きたくない」と言いだします。しばらく会話をして私は言いました。

「行くか行かないかを決めて、私が先生に何と連絡すればよいかを言いなさい」

彼女は行かないことを選び、「先生には体調をくずしたと言って」と言いました。私はその通りにしました。そして、その日は1日楽しく過ごしました。翌日、彼女は何事もなかったかのように、元気に出かけました。

学校がつらいから行けないのではなく、何であれ「行かない」と選んだから行かないのです。行かないと選ぶことができれば、行くことも選べます。

大きくなるにつれて、意識的な選択ができるようになります。人生にとってよりよい選択ができるように、選ぶことを練習させてあげてください。

そのためにはもちろん、親自身が意識的な選択をしていることが重要です。

「じりつ」のために親が子どもに教えたいこと⑥

異質なものを受け入れる力をつける

自分とは異質なものを受け入れる力は、人とのコミュニケーションを容易にするひとつの大きな要素です。

人は幼い頃、自分のものの見方しかわかりません。自分の視点しか持っていないところから、人は発達していきます。ですから幼い頃は、相手がどう思うかなど意に介さずに行動します。

成長にともない、私たちは別の視点があることを学びます。人は自分と同じにはで考えないと気づき始めます。見方も考えも感じ方も、さまざまにあるということがわかるのです。そして最終的には、相手の視点に立って物事を見るというところまで、自分を高めることができます。自分とは異質なものを受け入れる、ということです。

このことがわからずに悩む親たちに多く出会います。大人になっていても、相手には相手の視点があるということを、わかろうとしないのです。

親の気質と子どもの気質がまったく違うとき、親は子どもが理解できません。たとえば、親の気質が穏やかで、子どもがその反対に激しい気質だとしましょう。子どもの気質が激しいと、時にまわりから非難の対象になることがあります。本人はちょっとふざけただけなのに、相手は乱暴されたと思ってしまうようなことです。すると親は、子どもの行動が理解できずに、「なぜあなたは？」ということになってしまいます。

あるお母さんは、それによって、彼女の家族が近所から白い目で見られているとまで思いこんでしまいました。激しい気質の息子を責め、追いこみます。息子は、自分の存在がいけないのだと思い、責めつのる母親を避けようとします。それが余計にお母さんの神経を逆なでします。

子どもに異質なものを受け入れることを教える第一歩は、まず親が異質なものを受け入れることから始まります。

異質なものを受け入れるというのは、

①自分と相手は考え方や感じ方が違っている

②相手の考え方、感じ方に基づけば、相手の言動は理解できる

ということです。

ここで、必ずしも、だから相手が素晴らしいと評価しろとはいいません。当然、評価できない言動もあります。ただ、相手の気質から考えれば、そうなるのは仕方がないなという思いです。

子どもが異質なものに出会っていくプロセスは、それを見守る者として、興味深いものがありました。わが家の娘は、異質なものには大変寛大で、陰湿ないじめをする相手にさえ理解を示したものです。ただ一度、「傷ついたんだろうな」と思うことがありました。

娘は手仕事が大好きで、小学校時代は刺繍《ししゅう》やぬいぐるみをはじめ、わけのわからない作品を四六時中作っていました。小学5年生か6年生の頃に、彼女は、それは素敵な刺繍のクッションを仕上げました。私は、よくこんな根気のいる仕事をしたものだと感心したものです。

作品を仕上げると、学校へ持って行って担任や友達に見せたりしていた娘は、それを家庭科の先生にも見せました。すると先生は縫い目がそろっていないところを指摘し、「うちの娘はもっとうまく作る」と言ったそうです。

帰ってくる私を待ち受け、彼女はその話をします。がっかりしている様子の娘と違って、私は一瞬カッとなりそうになるのを抑えて、「先生はどうしてそんなことを言ったのかしら」と言いました。

「実際、先生の娘は刺繍がうまい」「家庭科の先生だから、刺繍の目がそろっていないと気になる」「自分の娘と比較して、競争意識を育てようとした」「虫の居所が悪かった」「お腹が空いていた」とさまざまな理由が並ぶ頃には、空気が軽いものになっていて、娘は一言、「まぁ、そういう人なのよ」というところに落ち着きました。

「そういう人なのよ」に、そういう人だから違う対応を求めてはいけないという、あきらめと受け入れが同居しています。

人はそれぞれ違います。違いは違いであって、間違いではありません。親が身をもってその違いを受け入れていけば、そこからは子どもが積み上げてくれます。それぞれの異質なものと、どう付き合えばいいかを。

第3章

親の立ち位置と学ぶべきこと

親は子どものコーチになる

自分は親として完璧ではないと悩む人がいます。ハートフルコミュニケーションでいっている「愛すること」「責任」「人の役に立つ喜び」をその通り教えようとすると、かなり人間性が豊かで、人として、親として完璧でないといけないと考えるようです。

先日も講演のあと、高校生の息子のことを話してくださったお母さんは、「本に書いてあることは、菅原さんだからできるのです。私はそれほど……」と声を詰まらせました。

もちろん、人として人間性が豊かであれば、それにこしたことはありません。人間性の豊かさによって理想の子育てができれば、そんな素晴らしいことはありません。

でも、私も含め誰もが、素晴らしい面も持ち合わせていると同時に、どうしようもない欠点だらけの人間です。人間性の豊かさや人格の高さが子育ての鍵だといわれたら、もうどうしようもありません。親失格です。

だからこそ私は、親に、子どもにとっての「コーチ」となることをおすすめしているのです。

手抜きだといわれるかもしれませんが、人間性の豊かさの欠如を、せめてコーチングの技術で補おうというわけです。もちろん愛情は技術ではありません。でも、愛情をよりうまく伝えるために、技術が使えるのです。そして、努力をしていれば人間性も養われていきます。

＊コーチとは？　コーチングとは？

私は、２００３年に出版した本の中で、コーチングに関してこのように書きました。

「私たち一人ひとりは、まるで一粒の種のようなものです。種の中には、発芽、成長、開花、結実のすべての可能性がプログラムされています。たった一粒の種から、何年もかけて大木へと育ち、そのプロセスで多くの実を生み出す驚異の能力を秘めています。

ただし、大木へと育つためには、そのための環境が必要です。種がどんなに可能性を秘めていても、水が一滴もない砂漠のような環境では発芽することはできません。まったく光の当たらないところでは、発芽しても大きく育つことは無理でしょう。

可能性を秘めたすべての人間には、能力を開花させ、結実に至らせる「環境」が必要なのです」

（『コーチングの技術―上司と部下の人間学』講談社現代新書）

子どもは一粒の種です。彼らは完璧にプログラミングされています。教えなくても息をするし、ご飯を食べるようになります。歩きさえします。私たちは、自然が作った人間の素晴らしさを信じる必要があります。

何とかしようとしなくても、子どもたちは、内蔵されているプログラムにしたがって成長していくのです。

問題は環境です。一粒の種が子どもだとしたら、「環境」は親です。

重要なのは、これが適切であるかです。水が足りないと育ちませんが、多すぎても根腐れしてよく育ちません。愛することひとつをとっても、まったく同じです。人格形成において不可欠な要素でありながら、愛しすぎると、愛さないのと同じくらい子どもをダメにする結果になってしまいます。

キーワードは、すべてにおいて「ほどほど」です。愛しても愛しすぎない。求めても求めすぎない。コーチとしてはその程よさが大切です。子どもの人生に、生活に、入れこみすぎないことが、コーチとして子どもの自立を援助する最高のスタンスでしょう。

私たち親が適切な環境へと変化するとき、私たちは親として優秀なコーチになれるのです。

あなたのお子さんにとっての環境、つまり親であるあなたは、適切な環境でしょうか。

私たちが客観的に子どもを見る目と冷静さを持ち、子どもを自分の一部としてではなく、別の存在として敬意を払ったとき、はじめて子どもの可能性を引き出せるのです。

それこそがコーチとしてのあり方です。

親として大切なこと、すべきこと①

罪悪感を手放す

今の子育ては罪悪感にあふれています。

現代は、生き方が多様にあり、どう生きるも自由で、その選択がすべて私たちにまかされている時代だといいました。そんな時代であることを感じ取っている親たちは、自分の子どもが少しでもいい人生を選べるように、少しでも「いいところ」に行けるようにと、無意識に自分や子どもを追い立てます。

「いいところ」の一番わかりやすい基準が、成績のよさ、偏差値だったりします。時にはそれが、スポーツやほかのことにおきかわることもあります。

そして、思い通りのことが起こらないと、子どもの努力が足りないからだと子どもを責めると同時に、自分の育て方が悪いからだと自分を責めます。子どもをそのように育てられてないことに、罪悪感を抱えこむのです。

罪悪感を抱いていると、子どもを責めるだけではありません。時には、つい申し訳ないという気持ちから、必要以上に子どもにかまいます。物を与えたり、甘やかしたり、機嫌をとったり。これらのすべては、子どもの自立を妨げることはあっても、それをうながすことはできません。

親の抱く罪悪感は、子どもの自立には何の役にも立たないのです。

＊罪悪感にとらわれると問題の本質が見えなくなる

さまざまな場面で、私は参加者の皆さんと問答をします。

中学生の息子がちっとも勉強しないと嘆くお母さんに、

「それは誰の問題ですか？」と質問します。しばらくの会話のあと、お母さんは、

「息子の問題ですね」

「そうですね。息子さんの問題ですね。ではコーチとして、どのように彼の問題解決を援助できますか？」

「まず、子どもを信じることでしょうか。そして……」と話が進みます。

ところが罪悪感を解放していない親は、「子どもの問題は自分の問題で……、それを何とかできない自分はどうしようもない親で……」と自分を責めていますから、なかなか話が生産的な方向へ進みません。

「それは誰の問題ですか？」

この質問で、すでに責められていると感じます。

「でも、私は……、子どもが……」と追加説明や言い訳に入ります。

「わかります、大変ですね。そこで、ちょっと考えてください。息子さんが勉強をしない、これは誰の問題ですか？」

「でも、私は……」

話が前に進みません。子どもの問題やうまくいかないことは、すべて自分が悪いから、あるいは夫がその役割を果たしてくれないから、と自分やそれにかかわる人を責めます。

その感情にとらわれている間は、問題の本質が見えません。息子が勉強しないのは息子の問題であり、その息子の問題を受け入れるから、コーチとしてその問題の解決に力を貸すことができるのです。

罪悪感にとらわれている親は、子どもと自分を分離できず、問題を大きくしてしまいます。子どもが学校などで先生に注意されたりすると、まるで自分が注意されたかのようにとらえてしまう例があるようです。すでに持っている罪悪感が刺激され、「ウチの子の何がいけないの！」といった調子で問題を大きくしてしまいます。

この場合、親は子どもの名誉のために闘っていると思っているのですが、じつは自分の罪悪感が自分を闘いに駆り立てていることに気づいていないのです。親と学校（先生）の抗争の中、子どもが傷ついていることにも気づきません。

罪悪感を解放しましょう。生き方が多様だからこそ、選択がすべて私たちにまかされているからこそ、子どもをどうするか以前に、私たちの考えをシンプルにして、何が大切かを見極めることが重要です。

何かうまくいっていないことがあったら、今やっていることをやめて、罪悪感を手放し、どうなれば最高といえるのかをイメージしてください。そして、その最高といえる状態に向かって自分に何ができるか、子どもをどう援助できるかを考えてみてください。まずは小さな一歩からです。

生活が豊かになって、豊かになりすぎて、私たちも社会も本来の生き方を忘れかけているのです。今この時期は、誰が生きても、誰が子育てをしても難しい時期といえるかもしれません。さまざまなことが思い通りにならないのは、親が悪いからではありません。

自分を責めてはいけません。まして、思い通りにならない子どもを責めてはいけません。

親として大切なこと、すべきこと②

子どもがいてくれることに感謝する

なんだか手垢《てあか》のついた言葉のようですが、私の娘に対する最初の感情が感謝です。彼女が生きていることに感謝です。

私は長女を生後6カ月で亡くしています。彼女は、生まれつき心臓に問題を抱えていました。生後3カ月のとき手術を受け、その問題は克服したはずでしたが、6カ月を迎える頃、彼女は逝ってしまいました。

その後、流産を経て授かったのが、今25歳の娘です。この子が生まれた頃から、私はハートフルコミュニケーションを語り始めています。一人一人の子どもが、その本来の力を発揮できるように育てられること。そのために親は何をすればいいのか。それは、長女を亡くした恐れとすべての期待を次女に向けることを阻止しようと、私の本能的な力がそうさせたのかもしれません。

生まれてきてくれてありがとう。そこにいてくれてありがとう。幸せでいてくれてありがとう。笑ってくれてありがとう。悪態をついてくれてありがとう。あなたのすべてにありがとう。それ以上、何を望むことがあるでしょう。

私たちのところに生まれてきて、生きている以上のことをしてくれるとしたら、それはすべて特別な贈り物です。それ以上の贈り物を無理に引き出そうとしてはいけません。

子どもの実力をはるかに超える期待をかけて、子どもを特別な存在に仕立て上げようとすれば、それは親の、子どもに対する略奪行為といえるのではないでしょうか。子どもから、本来の子どもらしさや、子どものときを楽しむことを奪い取る行為です。

それは、やってはいけないことなのです。

＊感謝が信頼を生み、信頼が尊敬となって返ってくる

もし彼らに特別であってほしいのなら、彼らの中に眠る力を引き出してやることです。

やらせようとするのではなく、最高の応援団になって見守りましょう。そのとき、子どもからの尊敬が返ってきます。

子どもの持てる力を引き出し、子どもを自立させるためのコーチであろうとすれば、親子の間の信頼が不可欠です。子どもが親を信頼し、尊敬していないと、親は子どものコーチになれないのです。

ここで親は、「自分は尊敬されるほどの人間か」と心配になります。でも大丈夫です。子どもからの尊敬を得るのは、それほど難しいことではありません。なぜなら子どもは、すでに親を愛しているからです。

子どもは命をかけて親を愛しています。これも、子どもに生まれつきプログラミングされていることのひとつです。親に守られないと子どもは生きていけません。だから親に愛される唯一の方法が、親を求め、親を愛し、親に可愛がられることなのです。

子どもからすでに得ている愛にこたえ、子どもの存在に感謝し、子どもの発する言葉に注意を払って、彼らに誠実に接していけばいいのです。子どもだからといい加減な対応をするのではなく、彼らの言葉に耳を傾けることです。それだけで、子どもからの尊敬は得られます。

こんなことを言うと決まって、「それをやっている時間がない、余裕がない」と言う人がいます。

これは時間や余裕の問題ではありません。その密度の問題です。

私は子育て中もずっと働いてきているので、娘と過ごす時間はそれほど長いとはいえませんでした。私が帰宅してから、娘が寝るまでの間のわずか2時間が、その時間です。2時間のうち1時間は、家事や雑事でとられてしまいます。残る1時間をいかに濃密に過ごすかが、私が子育てで磨いた技術でした。彼女がいてくれることへの感謝の時間でした。

時間がないと言う人ほど、子どもに何かを押しつけて抵抗され、そのやりとりで時間を無駄にしたり、心身を消耗したりしているのです。結局、マイナスのところに時間をかけているのです。

親の子どもに対する感謝が信頼を生み、信頼が親への尊敬になって返ってきます。この相互関係が、かつては存在し、今はなき「畏れ多きもの」にかわって、子どものシールドとなって子どもを守るもののひとつではないかと思います。

親として大切なこと、すべきこと③

自分と子どもを信頼する

子どもはあるがままに生きて、それなりに楽しい人生を築き上げていきます。何も心配することはありません。もし、何かを不安に思う気持ちがあるなら、それは私たち親自身の不安です。その不安を子どもに負わせて、子どもを何とかしようとしているのです。

大丈夫。子どもの力を引き出すことを少し意識するだけで、子どもは持てる力をどんどん発揮するものです。

自分と子どもを信頼すれば、子育てほど私たちの人生において実り豊かな体験はありません。子育てを通して、私たち親は、自分が育つことのできる機会が与えられるのです。子育てする人へのごほうびです。

受験期になると必ず聞かされる話です。大学を受験する子どもが勉強しない。受験に備えてクラブ活動を引退したのに、ふぬけのようになってテレビの前に座っている。ワークショップに参加したあるお母さんは、休憩を待ちかまえてその話をしてくださいました。

テレビの前に座っている息子が不安で、ふがいなくて、腹立たしくてどうしようもないと。

「何が不安ですか？」

「大学受験に失敗するんじゃないかと、それが不安です」

「それがどのように問題ですか？　もし今回の受験で大学に入れなかったら？」

「え……？」

今年希望している大学に合格しなかったら、来年その希望校を再度受験するか、今年入れる大学に入るかのどちらかです。それは子どもが選べばいいことです。

浪人するのを支える経済力がないなど、親の側に問題がある場合は、子どもにそう告げて、子どもが何を選ぶかまかせればいいのです。浪人できないとなれば、そして希望の大学にどうしても入りたいとなれば、放っておいても子どもは勉強するでしょう。

子どもを信頼していない親は、何かにつけて心配を子どもに向け、過剰な心配で子どもを押しつぶしてしまいます。大学だけが人生ではないし、いつ大学生を始めてもいいのです。

2007年1月4日の朝日新聞「先生に夢を」に、宮本延春《のぶはる》さんの記事を見つけました。宮本さんは愛知県豊川市の私立豊川高校の先生です。

「1、1、1…」

昨春の新学期。宮本先生は黒板に1をいくつも横に並べて書いた。「何かわかる? おれ中学でオール1だったんだよ」

いじめに遭い、学校が大嫌いだった。運動は苦手。中学1年で九九は2の段まで。中学卒業後、大工見習になった。

その12年後、名古屋大理学部合格。大学院を経て、05年春から母校で数学を教えている。

転機は23歳のとき。後に妻となる純子さんが録画したテレビ番組を何気なく見た。アインシュタインが相対性理論を導き出す過程がドラマ仕立てで描かれていた。面白さに興奮した。

簡単な物理の本を買った。なぜ空は青いのか、太陽はなぜ暖かいのか。子どものころの素朴な疑問が物理学と結びついていた。「もっと知りたい」。そう思ったのは生まれて初めてだった。

大学で物理をやる！

すでに建設会社で仕事を持っていた。「この年で物理を勉強してどうなる？」と葛藤《かっとう》した。でも、やらずに後悔だけはしたくなかった。

小３のドリルから始め、24歳で豊川高の定時制に入学。午前５時に起き、１日最低10時間勉強した。先生も午前０時まで補習してくれた。

解を導き出したときの喜びがさらに意欲をかき立てた。苦手な英語は、参考書の構文を好きな自然科学の文章に変えて覚えた。気がつけば、定時制を３年で卒業。ストレートで大学に合格した。

昨夏、豊川高に「数楽愛好会」を作った。部員は12人。夢や進路で悩む生徒らを誘った。「夢なんてすぐに見つからない。でも、何かに関心を持つきっかけになればいい」

私たち親は、子どもを「何か」にしようとして、かえって、子どもの意欲や力にふたをしてしまっているのではないでしょうか。

人はさまざまな可能性と力を持っています。私たち親にできるのは、子どもを信じてその力が発揮される環境を作ることです。宮本さんのように、それを見つけるのが、人より遅くなることもあるでしょう。それもひとつの人生です。無理にこうあるべきという人生に押しこむのはやめて、子どもがその生き方に自ら進んでいくように見守りたいものです。

そして、子どもを信頼することは、とりもなおさず、親自身が自分を信頼することから始まります。自分を信じてみてください。「私は大丈夫！」と。すると、自分はその信頼にこたえられる人であることがわかります。そして、子どもを信じてください。「あの子は大丈夫！」と。彼らはその信頼にこたえようとしてくれます。

親として大切なこと、すべきこと④

親子関係を適切にとらえる

親子関係は鏡のようなものです。血のつながりによる相似性も、長年一緒に暮らしたことによる相似性も、すべて含めて親子は鏡であるといえるでしょう。親が子の鏡になることで、子は自分を見つめ、生き方を学んでいきます。

Ｆさんの体験を紹介しましょう。

彼女には中学生と小学生の娘がいます。彼女は娘たちへの接し方を模索していました。特に関係が悪いわけではありませんが、よりよい接し方があるのではないか、自分が娘たちの可能性をとめているのではないかという思いがありました。

ハートフルコミュニケーションを学ぶうちに、ひとつ見えてきたことがありました。それは彼女と彼女の母親との関係でした。彼女の母親は大変心配性な人で、結婚して大きな子どもがいる娘に対し、何かにつけて心配し、干渉してきます。母親からの定期的な電話を彼女はうとましく思い、その思いから解放されたいと望んでいたのです。

あるとき、Fさん一家は家族旅行に出かけます。母親にはしばらく携帯の通じないところに行くからと連絡し、たしかに何時間かつながらない状態でした。旅先へ到着し、電話で無事を報告します。旅を終え、メールを受け取れる環境で受信してみると、母親からのメールが10件もたまっていました。旅先から電話もし、携帯は通じないと言っているにもかかわらず、心配し続ける母親に、彼女は改めてうんざりしたと言います。

ハートフルコミュニケーションを学ぶ場は、彼女にとって大変意味のある時間だったようです。これまで、うとましく思いながらもずっと、その思いと快適とはいえない関係を引きずってきた母親とのことを考えました。

なぜ、母親はあんなに心配するのだろう。そして、母親の干渉の網から逃れる方法はないだろうか――。

わかったことは、今さら母親を変えることはできないということでした。

自分がどう変われるかを考え、Fさんが出した結論は、自分から母親にアプローチすることでした。長い間うとましい干渉から逃れようとし、自分から電話をすることもありませんでした。でもそのやり方を変え、母親に電話をして安心させ、心配してくれることに感謝を述べるようにしました。遠ざけていたものに自分から飛びこんだのです。

母親との関係は大きく変わりました。母親は何も変わってはいませんが、Fさんの肩から「お母さん」という重荷が下りたのです。

そしてもうひとつ、Fさんは重要な発見をします。Fさん自身、無意識に、同じことを娘たちにしていたということを。娘たちの幸せを願って努力するFさんは、知らず知らずのうちに、娘たちを目に見えない干渉の網でしばり、窮屈な思いをさせていたのです。

母親との関係に飛びこんでいった瞬間、Fさん自身が母親の干渉から解放され、同時に娘たちに対して解放されている自分を感じました。これまでのようには気にならなくなったのです。

親と子は鏡です。私が私の親と持つ関係は、そのまま私と私の子どもの関係に大きな影響を与えます。私が私の母に抱く感情は、私の娘が私に抱くものと共通するものがあるのです。

子どもは親から生き方を学びますから、あなたが親に対してする態度を、子どもがそのままあなたにしたとしても何の不思議もありません。

関係は連鎖します。今、私がその連鎖を止めない限り、その関係は何らかの形で受け継がれていきます。あなたと両親の間に、あなたが自分の子どもに受け継ぎたくないものはないでしょうか。もしあるのなら、それを止めるのはあなたです。

親として大切なこと、すべきこと⑤

人の心理にある法則性を理解する

＊強制されるとやる気をなくす法則

私は小学校から大学を卒業するまで、それほど成績優秀だったことはありません。いわゆる普通の成績です。でも、自分の成績に劣等感を持って、だからやる気がなくなったということは一度もありません。普通の成績なりに、今回は頑張ろうと学期のはじめに決意し、ちょっと成績が上がる、気を抜くと下がるということをくり返しました。

まったく劣等感を持たずにすんだのは、母の影響が大きかったと思います。

あるときの母との会話です。私の成績表を見た母は、小さくため息をついて、「そうやなぁ」とつぶやきました。そのときの成績は、サボった結果が反映され、自分でもこれではいけないと思うものでした。

すると母は、「あんたの成績を見ると、自分と一緒やと思う」と言うのです。そのときの成績に関する会話はそれで終わりです。

私は、「お母さんもこのくらいの成績だった。私もこれでいいんだ」という安心感と、「いや、もっと頑張れる」という思いでいっぱいだったのを覚えています。そして、次の学期の成績には、その頑張りの結果が現れていました。

もし母があそこで、私の成績に関して不満を述べ、もっと一生懸命やりなさいと言っていたら、私の心はやる気にあふれたでしょうか？　そうではないと思います。

子どもの心を安心感で満たしてやれば、子どもはやる気を起こします。ところが、子どもを何とかしようとすると、子どもは自分に対して働く力に抵抗して、やらない方向へ動こうとします。それは人間の心理におけるごく自然な法則です。

＊追うから逃げる法則

ある日のことです。私と友人は、どちらも子連れで街を歩いていました。私の娘と、友人の上の子二人は小学生で、３人でおしゃべりしながら、私たちの後をついてきます。

問題は友人の年の離れた末っ子です。４歳のそのおチビさんは、先頭を歩きながら、あるゲームを思いついたのです。彼女は、３メートルぐらい先の路地をさっと曲がります。あわてた母親は走って追いかけ、捕まえてもとの道に戻します。母親のあわてる姿と、追いかけられる楽しみを彼女は満喫し始め、通りの路地のすべてに曲がりこみます。友人はクタクタです。手をつなごうとしても、興奮した子は手を離して先を走ります。

いくつ目かの路地を、やはりおチビさんは曲がりこみました。私は小声で言いました。

「追わないで。そのままの速度でまっすぐ歩いて」

私たちはその路地を通り過ぎます。おチビさんはあわてて私たちを追いかけてきます。次の路地も曲がりましたが、お母さんは追いかけてはきません。ゲームは終わり、私たちは静かにおしゃべりを楽しみながら歩くことができました。追うから逃げるのです。

人と人との交流は、相手から受けた刺激に対して、それに合った反応をするように起こります。母が私に安心感を与えてくれたので、私は劣等感を感じずに頑張ることができました。おチビさんは、追いかけてくれる人がいないと、追いかけっこゲームはできません。

人の心理には、それなりの法則性というものがあります。人を育てるうえで、それを理解するのは大変重要なことです。

それは何も、心理学などという難しい学問ではなく、生きるうえでの智恵として、誰でも気づくことのできるものです。どうしたらその智恵に気づけるのか。それは、自分ならどうされたいかを自分に聞いてみることです。

親として大切なこと、すべきこと⑥

家にいる間に社会に出るための訓練をする

親の家は、子どもにとっては訓練の場です。家を離れてもっと大きな社会に出て行くための、小さな実験の場です。隠れるための場ではありません。ですから、親は子どもに小さな社会を与えなければなりません。

＊家は、ルールやマナーにそって生きることを覚える場

社会にはいろいろな人がいます。そして、社会には価値観の異なるいろいろな人たちがうまくやっていけるように、ルールやマナーがあります。そのルールやマナーにそって生きていれば、まわりと大きな摩擦を生まずに快適に生きていけます。

私たちがしたがうべきもっとも大きなルールは、法律です。日本社会において、そのルールにそって生きないと、私たちは健全な社会の一員とはみなされません。ルールを犯すと罰せられるのです。

親の家においても、何人かの人間が共同で生活をしています。そこには守るべきルールやマナーがあって当然です。ルールは子どもに「やってはいけないこと」と「やるべきこと」を教えます。そのルールにしたがうとき、子どもは自分を律することを学ぶのです。

ところが、家の中に子どもがしたがうべきものがないとしたら、子どもは社会に出て行ったとき、何かにしたがうことやルールを守ることをしようとはしません。彼らはいきなり国家のルールを相手に、それを守らなかったら何が起きるかを学ぶことになってしまいます。

何らかのルールを設けるということは、ルールで子どもをしばることではありません。世の中には、よいことと悪いこと、やるべきこととやるべきではないこと、などの区別があります。この区別にそって自分を律して生きることが、自立です。善悪の判断ができない人は自立しているとはいえません。

ルールは、その生き方を教えるための道具です。

＊家は、膨れ上がった万能感をほどよくシェープアップさせる場

まだ幼い頃の子どもは、すべてを肯定されて生きています。着ているものやオム

ツを汚しても、親はニコニコと取り替えてくれます。大切にされ、愛されます。絵を描いたといっては喜ばれ、鉄棒にぶら下がったといっては拍手され、幼い子どもは自分が何でもできると思いこんで育ちます。自分が泣けば、親たちは泣かなくていいように何でもかなえてくれるのです。

そのプロセスで自己肯定感は育つのですから、これは大変重要なことです。ところが、自己肯定感とともに育っているものがもうひとつあります。それは万能感です。自分は万能であると、子どもは誤解してしまいます。

万能感が膨れ上がった人は独裁者です。自分は何でもできる、やってもいいと思い、そのように振る舞います。2~3歳までの子どもであればまだ可愛げがありますが、そのまま大人になってしまったらどうなるでしょう。

そんな大人は危険です。善悪の判断がつかないのです。

あなたのまわりにそんな人はいませんか？　自分は何でもできる、何をやってもいいと思いこみ、自由気ままに振る舞います。ルールを自分にいいように勝手に変えて、そのルールにまわりをしたがわせようとします。それによって人を傷つけても、いっこうに反省する様子はありません。

なぜなら独裁者は、物事を認識する認識の仕方にゆがみがあるからです。

独裁者の認識の仕方は、大変自分勝手です。人は自分にしたがうべきであり、自分を快適にさせてくれるべきであり、そうしてくれない人は罰せられるべきだ、ぐらいに思っているのです。

もちろん、私たちは「そんなの変だ！　地球は君のために回っているわけではないし、世界はあなたのためにあるわけではない！」と思いますが、万能感が膨れ上がった独裁者にとっては、まさに「世界は自分のためにある」のです。そうではないという訓練は受けていないのですから。

親の家は訓練の場です。自己肯定感とともに膨れ上がった万能感を、ほどよくシェープアップさせ、有能感として身につける場なのです。

自分を有能であると感じる子どもは、自信があり、自信のある子どもはさまざまな場で前向きな姿勢を見せます。そして、家庭で子どもに「責任」を教えるプロセスこそが、万能感を有能感へ、自信へと変化させる道なのです。

娘の万能感が、ほどよくシェープアップされつつあるのを感じた会話がありました。

ある日、娘は突然こんなことを言いました。小学4年生、思春期の入り口の頃です。

「お母さん、私、自分が思っているほどにできるわけじゃないとわかったの」

「できるわけじゃないって？」

「家にいると、おばあちゃんは私のこと可愛い可愛いって言うし、お父さんもお母さんも私がものをよく知っているって言うけど、学校にはもっと可愛い子やできる子がいっぱいいるのよ」

「そうなの？　もっと可愛い子やできる子がいるんだ」

「うん。（可愛い子やできる子の話……）」

「お母さんは、それでもよそのお父さんやお母さんに申し訳ないと思っている。うちだけがこんな素晴らしい子をいただいて、神様に本当にありがとうって思ってる」

「お母さん、それ親馬鹿って言うんじゃない？」

「そうじゃないの、親馬鹿とかじゃなくって……」

「だから、親馬鹿って言うのよ」

この会話は、私が親馬鹿であるという結論で笑って終わりました。

そして私は、娘が順調に自画像を整えつつ、何であれ親に無条件に愛されていることを知りながら、思春期に入っていくことに満足を覚えました。

＊家は、社会人として生きていける準備をして送り出す場

私たち親は、さまざまな場面をとらえて子どもを訓練し、社会人として生きていける準備をさせて、家から送り出します。

特に高校の3年間は、その仕上げのときといえるでしょう。

『子どもの心のコーチング』では、親をマネージャー・スポンサー・コーチとして、保護者とは異なる役割を持っていると伝えました。高校の3年間は、必要以上の干渉はしない同居人として、このまま社会に出してもいいかどうかを見て、旅立ちの最後の仕上げをするときといえるのではないでしょうか。

私自身も高校生になる頃、母に言われたことがあります。母は、私に対してもともとそれほど口うるさい人ではありませんでしたが、ある日ふと気づくと、以前以上に干渉が減っているのです。

「この頃いろいろ言わないね」と言うと、母は、

「もう全部言った。あとは自分で考えなさい」

ぐっと感じるものがありました。信頼され、まかされる実感です。身が引き締まりました。

親として大切なこと、すべきこと⑦

子どもと向き合う

ある企業研修でのことです。ファシリテーション研修といって、企業における会議などの運営方法を教える場です。初日、さまざまな内容の中に「傾聴」がありま す。会議を進行する人は、参加者の話にどう耳を傾けるか。その聞き方によって、会議は生産性の高いものになります。

２日間の研修を終える頃、参加者の皆さんに感想を伺いました。すると一人の男性がこんな話をしてくれました。

彼には中学生の息子がいて、息子は現在、家庭内暴力中である。期末試験を目前に、うまく勉強が進まない自分に腹を立てて、お母さんに八つ当たりをするそうです。それを称して、家庭内暴力状態と言うのです。

研修初日、彼が帰宅すると、その日も息子は家庭内暴力中でした。それまでの彼は、「勉強しろ！」とどやしつけて終わりにさせていたそうです。

ところが、その日は違いました。彼は「傾聴」を学んだのです。はじめて彼の中に、息子の話を聞くという発想がわきました。

そこで彼は「まあ座れ」と息子を座らせ、「一体何が不満だ?」と聞いたそうです。すると出るわ、出るわ。息子から、学業に関する不安や、うまくいかない不満が次々出てきたそうです。

すべて聞き終えて、彼は言いました。

「そうか、成績のことが不安なんだな。わかった。今日はもう勉強するな。成績のことは気にしなくていい。今日は寝ろ」

息子は父親の言葉にしたがって、その夜は早く寝たそうです。

そして、次の日の朝。父親いわく、今までにはないすごいことが起こったそうです。誰にも何も言われないのに、息子は5時に起きて勉強をしていたそうです。父親が真剣になって子どもと向き合い、彼の話を聞いた成果でしょうか。

彼は、息子と向き合うことを、意識して避けていたわけではなかったと思います。その発想がなかったのです。ですから、子どもと向き合って「どうした?」と話を聞くかわりに、「そんなことしている暇に勉強でもしたらどうだ!」と言っていたのです。

＊悩みの中に逃げこまず、状況に向き合う勇気を持つ

こんな例もありました。ある人が、友人の娘を心配して話してくれました。

高校生のその娘は、落ち着いて家にいることができず、しょっちゅう外泊をくり返すそうです。母親の心配のひとつは、外泊先が男性のところではないかということでした。でも、「なぜ外泊をするのか」「どこに泊まっているのか」などと聞くと、娘は逆上し、余計に家に帰ってこなくなる。それを恐れて母親は、あたらずさわらずでいるとのこと。

外泊を始めたきっかけや理由はいろいろあるでしょう。一番の問題は、「これはいけない」と親が感じたとき、子どもを守るために子どもと向き合うことをしないことです。

子どもを、あるいは子どもの言動を恐れて、より悪くなるのを避けるために子どもと向き合わずにいることは、事態を悪くこそすれ、何もよいものは生み出しません。

親が妥協して、子どもの機嫌をとり始めたら、もう親は子どもを導くことはできません。親の見て見ぬふりは、子どもに対する「興味がない」という合図です。不

適切な行動には断固として、親は行動を起こすことが大切です。

親が子どもに向き合わない理由のひとつは、向き合えばそこに見えるのが親自身の問題だからです。子どもの痛みに向き合うのは、そのまま自分の痛みに向き合うことになるからです。子どもの痛みを受け取り、子どもが問題を抱えていると認めるのがこわいのです。

私にも経験があります。娘が痛みの中にいたとき、ただ聞いて抱き取り、「大丈夫。心配いらない。一緒に解決しよう」と言えないのです。傷ついている娘をふがいないと感じ、「あなたもいけないのよ」と説教までしてしまうのです。「そう、つらかったね」と言ってしまうと、自分が弱くなり、娘がもっと弱くなってしまうかのように感じて。

子どもに、事態に、あるがままの状況に向き合う勇気を持ちましょう。一時の勇気は多くを解決します。その一瞬がこわくて向き合うことを次に回すと、次には問題に利子がついて、より大きな問題になって返ってきます。

悩みの中に逃げこまないことです。

私たちは問題が起こると悩みます。充分に悩めば問題が解決するかのように思い、悩んで悩んで満足してしまうのです。こんなに身が細るほどに悩んでいる自分は、何かをやっているという気になるのでしょう。でも、悩んでいるだけで何もやってはいないのです。

悩みの中に逃げこまないでください。時が解決するとは思わないでください。利子が利子を生んで、子どもとの間の溝が取り返しのつかないほど深くなるまえに、子どもと向き合いたいものです。そして、子どもはそれを待っています。そうとは見えなくても。

親として大切なこと、すべきこと⑧

親が自分を語り、今を見せる

まだ子どもが幼かった頃、私が娘に何かを質問すると、娘はそれに答えるというやり方で会話が成り立ちました。

ところが、小学校の高学年になる頃から、娘は質問に素直には答えなくなり始めました。「うーん？　まあね」「別にぃ」と、答えをはぐらかしているような対応です。のれんに腕押しというか、会話にならないのです。それまでのように、私が娘から必要な情報を引き出すやり方では、娘は満足しなくなってきたのです。

子どもがまだ幼い頃は、子どもの話をただ聞くことは大変意味のあることです。幼い子どもは、親に話を聞いてもらう中で、親からの愛を感じ取り、同時に自分の気持ちに気づいていきます。

そして思春期になる頃、子どもはより多くを求め始めます。聞いてもらうだけではなく、自分もいろいろなことを聞きたいと思っています。刺激のある情報を求めているのです。その情報源のひとつが親なのです。

親が子どもに何かを教えたり、子どもを動機づけたりするやり方のひとつは、親が自分を語ることです。親が自分を語ることが、子どもには大変有効な情報であるのです。

子どもに対し「あなたが何をするべき」を言うより、親自身が自分に関しての気づきや夢を語るとき、自分の仕事を語るとき、子どもは興味深くそれを受け取ろうとします。

すべての親が、希望どおりの理想の仕事についているわけではありません。本当はどんな仕事がしたかったのか、なぜそれをあきらめ、今の仕事についたか。そんなことを語って聞かせます。理想の経歴ではなく、親が生きている生の姿を語るのです。すべての親が、素晴らしい感動的な話をしてあげられるわけではありません。自分を語るというのは、立派な話ではなく、親が今生きている人生を語ることです。

＊心の架け橋は親から架けにいく

心の不安定な思春期に、子どもはさまざまな試練にさらされます。そんなときに本当に役に立つのは、親や先生といった大人との心の架《か》け橋です。その架け橋は、大人のほうが子どもに向かって架けにいく必要があります。

何度も言いますが、この時期、子どもは親から離れようとしています。親が架けにいかないと、かつてのように可愛く「あのね、今日学校でね」などとは話してくれません。そしてその架け橋は、親が自分のことを語る、あるいは姿を見せることでしか、架けることはできないのです。口先だけの「べき」論などは、子どもにそうと見透かされます。

自分を語ることは相手の心をひきつけます。その瞬間、空白のときを生きる子どもの心を、大人のほうにぐっと引っ張ることができます。そのくり返しが、子どもを安定へと導くのです。

Sさんは、大学生と高校生の二人の男の子のお母さんです。夫を亡くし、その失意の底にあるとき、下の息子が家にこもるようになりました。Sさんは、息子を何とかしようと努力しました。その結果、息子を何とかするのではなく、自分が変わる以外にないという結論に達しました。

息子と話をしたいと、話を聞くことを学ぶ中で出合った、傾聴ボランティアに力を入れました。そして今、その上級の資格を取るべく彼女は頑張っています。そんな彼女の姿を見た息子が、最近こんな感想をもらしたそうです。

「お母さんは飲み会に行っているか、勉強しているかのどっちかだね」

その言葉は彼女を喜ばせました。

失意のときを通り抜け、今、彼女は生きる自分の姿を子どもに見せているのです。人に会うために出かけ、学ぶために家を留守にし、家にいるときは勉強に打ちこむ。そんな母の姿に、子どもたちは自分が生きるべき姿を見出すはずです。きっと、下の息子もその母の姿に、自分を重ねて見ていることでしょう。

親に、自分を語ろう、自分の今を見せよう、と言うと、必ずといっていいほど「自分には語るものがない。見せるほどのものがない」と言う人がいます。

実際に、語るものがない、見せるものがないこと以上に、問題はその姿勢です。そう言っている間は、努力をしなくてすむのです。親として、子どもを育てるという時期は、語るものがない、見せるものがない、自信がない、などと言っているときではないのです。

子どもにより多くを求めるかわりに、私たちは自分に求めるべきです。そうしたとき、子どもはその姿を見て、それが生きることだと学びます。

そのとき私たちは、子どもの心を、大人としての生き方にぐっと引き寄せることができるのです。

親として大切なこと、すべきこと⑨

子どものモデルになる

子どもは親の言うようには育ちません。親がやっているように育ちます。私たち親は、子どもにとってのモデルです。私たちがやっていることを日々見ながら、子どもはその通りを生きるようになります。

中には、親があまりにひどかったので、そういうやり方だけはしたくないと、親の反対をやる場合もあるでしょう。親は子どもの反面教師でもあるわけです。

それも悪くないように思いますが、危険性も潜《ひそ》んでいます。親の反対をやろうとするとき、つねに親のやったひどいことを意識しなくてはならないのです。

＊男の子のモデルは父親

男の子のモデルは、同性という意味において父親です。

ところが、経済の高度成長期以降における大きな問題のひとつは、モデルとなる父親が、子どもの目にふれるところにいなかったことです。朝、子どもが目を覚ますと、もう父親はいない。寝る頃にはまだ帰っていない。週末はといえば、それでも働き続ける父と、弱々しく疲れ果てている父。

ただし、父親に象徴される父性は、じつは目の前にいなくても、大きな問題にはならないと考えます。母性は、その場にあって子どもを包みこむことが重要ですが、父性に関してはその限りではありません。

では、父親が不在であることの問題は何でしょう。それは、母親が、不在の父にかわってその存在感を作り得なかったときに起こります。

母親が妻として、夫の不在に、不満を抱いていたとしたらどうでしょう。その思いをコントロールできない母親は、いつも一緒にいる子どもを相手に、いかに父親がいけない存在であるかを売りこみます。

「まったく、お父さんは今日も遅いのよ」

「休みなのに、何もしないで寝ているのよね」

「どうしようもないんだから！」

この中で育った子どもは、母親と同一化し、自分までが父親を批判する側に回ってしまいます。母性に包まれ、愛されて育っても、そこにはモデルとするべき父親の姿はありません。ないどころか、モデルとするべきものが否定されているのです。男の子はモデルを失います。

一方、不在である父親の存在を作る母親は、父親の存在感を子どもに売りこみます。

「お父さんがお仕事をしてくれているおかげで」

「お父さんに相談してみましょう」

「お父さんに聞いてからね」

これらの母親の売りこみによって、子どもたちは、目の前にはいない父親の存在を感じ、しかも、その存在はえらくて、決定を下す力であると感じて育ちます。

つまり母親は、自分の作る「畏れ多き父親像」に助けられて、男の子をコントロールし、正しく振る舞うことを教えるのです。同時に男の子は、不在の父をモデルにして、自分のあるべき姿を模索することができるのです。

子どももある年齢になると、母親が言ったほどには、父親が立派な男ではないことに気づくときがくるかもしれません。

でも、そのときはもう心配いりません。男の子は、「畏れ多きもの」の存在の必要がないほど成長しています。その頃には、「畏れ多き父親像」の力を借りなくても、自分をコントロールする術を身につけているのです。

夫として、自分の不在時においても子どもの中に自分の存在を作り、幸せな子育てを実現しようと思えば、できることはひとつ。妻を幸せにしておくことです。不幸な妻は、子どものために、不在の夫にかわる「畏れ多き父親像」を作ることができません。不在の父のために、不幸せな母か、怒れる母しかできないのです。

＊女の子のモデルは母親

女の子のモデルは、同性という意味において母親です。女の子は母親に、幸せな像を探します。人間として、あるいは女として、母親が幸せであるとき、娘は自分の未来像をそこに重ねます。

不幸せな母親に対して、女の子は絶望します。特に思春期においては、親からはなれようとしながらも、自分の未来像を模索していますから、自分がモデルとするものが不幸であることに腹を立てるでしょう。そして心はさまよいます。

娘の自立を援助するという意味においても、父親は、母親を幸せにしておくことが一番の近道といえるでしょう。

ただし、母親の幸せの鍵を握るのは母親自身です。夫にできることといえば、

「妻とコミュニケーションをとる」「妻の幸せを援助する」「精いっぱいの愛情を示す」ことぐらいです。最終的に幸せであるかどうかは、夫次第ではありません。

母親には、一人の人としての自立をすすめます。家庭の中だけにとどまらず、充分に社会と交わり、自分を磨くことをすすめます。

子育てでしばられる時間が、人生のすべてではありません。そのあとのほうが長い人生が続きます。一人の人として充実した人生を望むなら、夫や子どもに頼るのではなく、自分なりの生き方を模索してみてはいかがでしょう。

親として大切なこと、すべきこと⑩

客観的に眺め、ユーモアを忘れない

子どもの気質でしょうか、それともそれまでの育て方でしょうか。思春期が大変難しい人と、そうでもない人がいます。「何でウチの子、こんなに大変なの？」と思ったら、それが一生は続かないことを思い出してください。長く続けないためにも、そのつど真剣な対応を心がけることが大切です。

そして、親自身が無駄に消耗しないために、また不用意に子どもを追い詰めないためにも、客観的になることを忘れないことです。客観的であるとは、その出来事や対象者と距離をおいて眺める状態です。

ところが、人はよくこんなふうに言います。

「客観的になれさえすれば、問題はないのだけれど」

頭ではわかるけれど、その瞬間に客観的になるのは難しいということです。

自分の感情のコントロールは、子どもを育てる人たちにとって、ひとつの大きな課題です。感情のコントロールができるようになるには、訓練が必要です。私も自己訓練のおかげで、腹を立てずに事にあたれるようになりました。

まず第一ステップは、たとえば「ムッ」ときた瞬間に、自分が腹を立てそうになっていることに気づくことです。気づきがないと、手の打ちようがありません。感情に気づくためには、普段から、そのとき感情と体が感じていることを確認することです。

次にユーモアです。そんなにカッカするほどでもないことで、腹を立ててはいませんか？　少し余裕を持って、ユーモアで乗り切る練習をしてみてください。

＊ユーモアで乗り切る練習

娘がソファーで長々と寝そべっています。私は、「この忙しいときに手伝おうともせず、寝そべっているとは何事」とムッときます。

でもそんなことを口にしたら、せっかく帰ってきてくれた娘に申し訳ないし、一緒に夕飯を食べて楽しもうとしているときが台無しです。そこでグッとこらえて「手伝ってくれる？」と言っても、声に怒りが現れます。

こんなときに使う手が、感情とはまったく違うことを言葉にすることです。

「新聞によりますと、横浜市青葉区の菅原邸において、美しき乙女があられもない格好でソファーに寝転んでいるようです」

するると娘は「あはは……」と笑い、「何してほしいの？」と返してきます。その頃には私の怒りも解けて、普通に会話ができるのです。

娘が幼いときからよく使った手なので、娘も私に対してよく使います。そんなことぐらいでと思うようなことに腹を立てて、

「もう!!　ちょっとやめなさいよ。ダメだって言ったでしょう！」

と言葉を荒らげると、

「ご近所の皆さーん、ハートフルコミュニケーションの菅原裕子さんは、ただいま幼児虐待中でーす」

「誰が幼児？」と、話は笑いの中で次へと進んでいきます。親父ギャグやだじゃれも役に立ちます。

ある家のお父さんは、話が深刻になってくると必ず、「よし、まずは飯にしよう」と言うそうです。家族が「お父さん、ご飯なんか食べてる場合じゃないでしょう」と言うと、「だから食べるんだ」と返すそうです。

私は思わず、「ご飯のあとだったらどうするの？」と聞いてしまいました。その

ときはお茶だそうです。必ずお茶菓子を添えて。食べたり飲んだりして冷静さを取り戻してから、話し合おうとする作戦のようです。

ユーモアなどと言っている場合ではないときも、たくさんあります。だからこそ、小さい問題には客観的になる努力をし、ユーモアや面白みで乗り切るようにすると、深刻な事態になることがあっても、心の余裕を残しておけるのではないでしょうか。

「一生は続かない」というのは、今のみに埋没せずに、ちょっと長い目で見て、今このときをほんの一時と見る見方です。ほんの一時だから、逃げずに子どもと向き合えるのです。

第4章

「愛すること」を学んだ子が強いのは

思春期の子どもを愛する

ハートフルコミュニケーションにおいて、私は、親が子どもに教えることの第一番目として「愛すること」をあげています。ほかの何を教えることに失敗したとしても、絶対に欠かすことのできないのが「愛すること」を学ばせることです。

子どもに愛することを教えようとすれば、その唯一の方法が、子どもを愛することです。子どもを可愛がることです。

愛されて育った子どもには自己肯定感が生まれます。自分をよしとする感覚です。『子どもの心のコーチング』では、「私たちの「生」を支える感情」と表現しました。まさに自己肯定感は、私たちを生かし、私たちを社会と、外の世界とかかわらせる重要な感情です。

愛されて育った子どもが強いのは、この自己肯定感が高いためです。彼らは自分の存在に価値があると知っているのです。親という大きな存在が自分を大切にしてくれているということが、自分は価値ある存在であるという認識につながるのです。

自分の存在が、親や家族の喜びであると知っている子どもにとって、自分を律することはとても大切なこととなります。愛される存在であるがゆえに、自分を律するのです。価値ある存在であるがゆえに、自分を守り大切にするのです。

２００６年後半、子どもたちの自殺が相次ぎました。いじめを苦にしての自殺です。娘ともよくそのことを話しました。

どこの親も聞いたかもしれませんが、私も娘に聞きました。

「いじめられたりして、死にたいと思ったことある？」

娘は答えました。

「私は何があっても死ねないわ」

「なんで？」

「だって、私が死んだら、お母さん、後を追いかねないもん。死ねないわよ」

そうか！　と思いました。愛されているという実感は、だから軽々しいことはできないという、たしかな重石《おもし》になるようです。まさに、愛のシールドです。

幼い頃の子どもを愛する行為は、まめなケアやスキンシップが中心となりますが、大きくなるにつれて、子どもたちはもっと別なものを求めるようになります。子どもたちは無意識に親の本気を確かめようとするのです。

＊思春期の子どもへの愛情表現はストレートに

特に思春期の子どもに対する愛情表現は、ストレートであることをおすすめします。照れて親の愛情を一般的なものとして伝えると、それは子どもの心までは届きません。私はよく言います。「照れてる場合じゃない」と。

「親だから子どもを愛するのは当たり前でしょう」「あなたが心配なの」などという言葉でごまかしてはいけません。

彼らは一般的な愛を求めているのではないのです。彼らは、親であるあなたに愛されたいのです。親が自分の存在を喜んでいることを知りたいのです。

彼らがほしいのは本気です。愛情表現も叱るときも本気です。

思春期という空白のときにおいて、彼らはしっかりと親の愛に支えられることが必要です。幼い頃から愛され、責任を学んでいる子どもは、比較的安定した思春期を過ごすことができます。信頼し、まかせ、そして見守ってください。

この時期までに、愛されている確信のない子どもは親の愛情を執拗《しつよう》に求めてきます。くり返し親を試します。親として充分に子どもを愛してこなかったと落ちこんだりせずに、このチャンスに飛びこんでください。

親はできる限りの愛情表現をしてきたと思っているのに、そのように受け取っていない場合もあります。ほかの子と同じように愛したのに、この子一人だけそれを充分に感じ取ってくれていなかったという体験はありませんか？　今、彼・彼女がそれを受け取るチャンスです。

思春期は一生は続きません。今だけです。だから手を抜かないで。

子どものあるがままを受け止める

第2章の「異質なものを受け入れる力をつける」（67ページ）でもお伝えしましたが、人は皆それぞれの気質を持って生まれてきます。

自分の気質と子どもの気質がよく似ていれば、子どものことを理解するのは容易です。反対に、まったく異なる気質であれば、「なぜ？」と思うことがたくさんあります。

若いお母さんがよく言うことのひとつに、子どもが朝の支度でグズグズしていて、何とか我慢しようとするが、イライラしてつい急《せ》かせてしまう、というのがあります。私はそういうとき、決まって「そういうお子さんなんですね」と言います。なぜなら、そういう子どもだから。

すると、「なぜなんですか？」と聞くお母さんがいます。

この質問は困ります。そういう気質だからとしか言いようがありません。その子はそういう気質なのです。

子どもがノロノロと靴下をはいているとき、日によって、子どもの心の中に起こっていることはさまざまでしょう。靴下の模様を確認している日。足の指の数を数えている日。自分のつま先に見とれている日。その日によってグズグズの原因はそれぞれでしょう。

そして、基本的にその子は、そういう子なのです。なぜ女に生まれたか私にはわからないように、その子の気質は、その子に「なぜ？」と聞いてもわかりません。私たちにできるのは、そのままを受け止めることです。

赤ちゃんは、わけのわからないことで泣きます。オムツを替えても、おっぱいを飲ませても、何をしても泣きやみません。そんなとき、お母さんも泣きたくなります。

わが娘は生まれて病院から退院して、2、3日後から泣き始めました。まるで、ようやく子宮から出てきたことに気づいたかのように。何をしても泣き続け、抱っこしたときだけ静かに寝てくれます。私は娘を抱いている以外何もできません。何をしようが娘は泣きやまず、できることはただ抱くだけ。

でも、それは子どもにとって、そして親となる私にとって、とても大切なことだったと、今になって思います。

わけのわからないことで泣き叫ぶ子どもを、ただ抱き取ってあやしてやる。子どもが感じている居心地の悪さをただ抱き取ってやる。泣きたければ泣きなさい。お母さんが抱いているから。

＊思春期は、生まれたばかりの泣きやまない赤ちゃんのよう

思春期はどこか、生まれたばかりの泣きやまない赤ちゃんに似ているような気がします。

思春期特有のわけのわからなさで、キレたり、イライラしたり、泣いたり。「どうしたの？」と聞いても、本人さえわからないこともあるのです。

それを「なぜそうなの？」と追及しても、子どもを追い詰めるだけで何の役にも立ちません。

あるお母さんは、ついに言ったそうです。

「お母さんはどうしたらいいの？　教えて」

息子の返事は「放っておいてくれ」だったそうです。だからお母さんは「今はうるさく言わず見守っています」と言いました。

気をもみすぎずに、そうやってそっとしておくことも、思春期の子どもにとっては優しい母親の抱擁《ほうよう》なのかもしれません。

その息子は、クリスマスのプレゼントにと、黒い手袋を買ってくれたそうです。いつもコートのポケットに手を入れているお母さんを見て、「手が冷たそうだから」と。

子どもの不安定さを苦にして、それをそのままに受け止めず何とかしようとするのは、単に親の安心を求めているにすぎません。子どもの状態をそのままに受け取れば、子どもは安心して、親に配慮することすらできるのです。

思春期は、赤ちゃんのときと同じように、いえ、それ以上に理解に苦しむときです。気質の違いだけではなく、この頃特有のわけのわからなさにまわりは振り回されます。振り回されているのは、まわりだけではなく、本人もなのかもしれません。

「そうなんだ」とあるがままを受け止めて、赤ちゃんのときにそうしたように、ただ抱き取ってやることが必要なのかもしれません。

お母さんの腕は、居心地の悪さを癒す場所です。そこにいるとき、子どもはただ安心して、自分でいることができます。

そして、「これでいいんだ」と安心して前進することができるのです。

充分に与え、人生は満ちあふれていることを教える

子どもはつねに素直に、気前よく与えられるのがいいと思います。物質的にも精神的にも、つねに満ちあふれる体験をさせるのです。

精神的に満ちあふれた体験をさせるには、乳児期から幼児期にかけてのケアが大切でしょう。つねに子どものニーズを満たしてやるのです。

子どもにとって、誰かと一緒にいること、そして心を通わせて、ともに楽しい思いをするのはとても重要なことです。

仕事をしてきた私にとって、ずっと一緒というわけにはいきませんでしたが、週に何回かは、娘の心を楽しさであふれさせる努力をしました。

仕事を終え、家に帰ると娘は待ちかまえています。夕飯や家事をすませると、娘が寝るまでは完全に彼女のための時間です。ほんの30分か1時間、さまざまな「ごっこ」を開発し、夢と遊びのときを楽しみました。

年齢が高くなるにしたがって、それらのごっこは姿を変え、あるとき突然ぷっつりと終わります。満たされた体験が多い子どもほど、子どものほうから終わりにしてくれます。わが家では小学6年生から、娘はその時間を自分の部屋で過ごすことが多くなりました。

働いていなくても、私たち親の生活は結構忙しいものです。「親」だけをやっているわけではありません。すべての時間、子どものことだけを考えていることはできません。だからこそ、そのことだけを考える時間を作ることで、子どもの心を満たすことができやすくなると思います。

＊決めた枠内で、物質的にも気前よく与える

物質的な面でも同じことがいえます。子どもに気前よく与えるのです。ところが、親には経済的な制限があるので、何でも与えるというわけにはいきません。その通りです。

そこで私は、何でもすべて与えるということではなく、これと決めて、気前よく与えることを提案しています。

わが家では娘が幼い頃、週末、食料品の買い物に行くときに、娘に100円の予

算を与えました。100円以内なら彼女のほしいものは何を買ってもいいのです。スーパーに入るやいなや彼女は興味のある売り場に直行し、私が買い物をする間、じっくりと買う物を選びます。週に1回の100円です。高い浪費ではありません。

娘は読書が好きな子です。そこで家族は、誕生日とかクリスマスとかの折を見ては図書券をプレゼントしました。親戚を訪問したあとなど、小中学生の頃の彼女の手元に、多いときで2~3万円を超える図書券が集まることがありました。彼女はその図書券を使って、好きなときに好きな本を何でも買うことができました。いちいち親に相談する必要はありません。完全な自由が与えられました。

娘が何かをほしいと言うと、「この間買ったばかりでしょう」などと言うことはありません。「まだあるじゃない」とぐずぐず文句を言いながら買っても、子どもの気持ちは満たされません。「すぐに買ってって言うんだから」などといやみを言ったり、恩着せがましくするのもなしです。わが家では、つねに「YES」でした。

そして、面白いことを発見しました。何でも「YES」とすぐに手に入ると、子どもは多くを求めなくなるのです。満たされている、いつでも手に入る、という体験が多いと子どもは安心し、あえて求める必要がなくなるようです。ですからわが家では、小学校の高学年頃には、「誕生日に何がほしい？」と聞いても、「別にほしいものはない」という答えがよく返ってきたものです。

子どもが大きくなって、多少高額なものを求めるようになれば、「ＹＥＳ。誕生日にプレゼントしよう」と、誕生日まで待ってもらえばいいのです。

はじめて、私がすぐに買うことをためらったのはパソコンでした。中学生の娘が自分のパソコンがほしいと言ったときは、「買ってあげられない」と伝え、娘はお年玉などをずっと貯めてきた貯金をはたいて、パソコンを買いました。

最近、娘と同じ年頃の息子を持つ友人と話したとき、彼も同じことを言いました。

彼も一貫して、子どものほしがるものには「ＹＥＳ」と育てたと言います。しかも彼の場合は、「よし、今行こう」とすぐに出かけるそうです。20歳になった息子が「酒を飲みに行きたい」と言ったときも、「よし、今行こう」とすぐに出かけたそうです。

そして、彼も同じことを言いました。ずっと「ＹＥＳ」で育てたので、物をほしがらない、ねだることがないと。

ただし、これは気質によって多少は異なるように思います。物にある程度執着する人と、まったく執着しない人。しかし、気質の違いはあっても、いずれも心が満たされていれば、物でその隙間《すきま》を埋めようとする必要はないというのは共通です。

充分に与え、人生は思い通りになることを教える秘訣は、本人からの働きかけを待つことです。親のほうから与えにいってはいけません。ほしいと思うのは子どもであり、その気持ちを親に伝え、親は無条件に「ＹＥＳ」とその求めに応じます。思い通りになるというのはそういうことです。

親のほうから、むやみに与えたらどうなるでしょう。それは子どもの求めに応じて、その欲求を満たしてやるという行為ではなくなります。何かをしてやっているという、親の自己満足を満たす行為でしかありません。

満たされている人はつねに、自分が「充分である」ところから生きることができます。「充分である」から充分になるのです。

満たされていない人は「不充分」から生きて、だから自分を満たそうとします。ところが、「不充分」から生きているときは、どんなにいろいろ手に入れることができても、まだ「不充分」です。

子どもに充分であることを教えましょう。物に頼る必要のないほど、心を満たしてやりたいものです。

「愛すること」を教えるのは母性の仕事

愛することを教えるのは母性の仕事で、私たちの中の母なるものが子どもを包みこみ、痛みや不快から子どもを守り、いつくしみます。まめに面倒を見て、それによってその子が大切な存在であることを子ども自身に伝えます。母性に包まれているとき、子どもはすべてを肯定され、自分の存在に自信を持ちます。この基礎があるからこそ、子どもはそれからの人生で起こるさまざまな痛みに耐えて、生きていけるのです。自分はまわりにとってなくてはならない存在であると知ることで、自分の価値を認識します。

もっとも母性を必要とするときが乳幼児期です。この時期は、できないことの多い子どもに対して、親は母性を発揮して子どもを保護し、面倒を見ます。

そして、次に子どもが母性を必要とするのが、思春期ではないでしょうか。親から離れ始めているとはいえ、自分自身の人格を確立させているわけではないこの空白のときにおいて、母性はもう一度、その存在を全肯定することが大切です。

ただし思春期における母性は、幼児期とは異なり、面倒を見ることはしません。子どもにかわってその仕事を引き受けるのではなく、「あなたはできる存在だから、安心してやってごらんなさい」と、その能力や一人の人としてのその子を全面的に肯定します。

確立した人格を持つ親が、子どもに対して精神的な保障を与えるようなものです。赤ちゃんの頃に自信を得たのと同じように、このときも子どもは自信を持つことができます。

ところが問題は、この頃の子どもは、母性からのケアを素直に受け入れようとしないことがある点です。幼少期の子どもは自分から求めてきますが、思春期においてそれはありません。反対にうるさがるのが普通です。すると親のほうがその態度に腹を立てて、せっかく母性が活躍できるときを台無しにしてしまう恐れがあります。

母性に求められているのは、そのすべてをひっくるめて受け止める大きさです。このときこそ、ほどほどの対応を心がけます。ムキにならず受け止め、子どもの言葉に耳を傾け、不安や痛みに共感を示し、子どもを認めます。思春期の子どもにとって、彼らを大人へといざなう要素は、親によって認められることです。受け止められ、肯定されることです。

ただ寄り添い、親が子どもを愛する気持ちにブレがないことを示していけば、子どもの心は安定し、大人へと成長できるのです。

チャンスを逃さないで

ハートフルコミュニケーションを学ぶさまざまな場面でよく聞かれるのが、「もっと早く出合えればよかった」というつぶやきです。子どもがもっと幼いときからこのことを知っていたら、よりよいものを子どもに与えることができたのに、と残念がる気持ちです。

そんなとき私は、「遅くはありませんよ」と言います。人間、出合ったときが、出合うべきときなのです。そのときをスタートに始めればいいのです。

ところが最近、そうとばかり言っていられない現実に多く出合います。あるお母さんの例を紹介しましょう。

Aさんの息子は高校に入学した頃から、さまざまな問題を抱え始めました。学校でも不適応を起こし、クラスメイトとのいざこざもあり、ついに息子は学校へ行かなくなってしまいます。あわてたAさん夫婦は、大変な努力をして、子どもは登校を始めます。

Ａさんはそれで満足しました。その出来事から自分を振り返り、これまでの子育てを振り返って、自分に何ができたか、今後はどのように接していけばいいかを考えることをしなかったようです。喉元《のどもと》過ぎれば熱さを忘れる、でしょうか。子どもが学校へ行くようになるという、表面的なことに満足してしまったのです。

結局、子どもに対する接し方には何ら変化はなく、下手をすると、学校へ行かなくなることを恐れて、これまで以上に干渉をしたのかもしれません。やがて息子は、再び学校へ行くことを渋るようになってしまいます。

大切なのは、子どもが表面的にほかの子と変わらないことをすることではありません。親に心配をかけないように生きてもらうことでもありません。子どもが自分の力で考えて、自分にとって一番の道を選べるように自立させることです。

ところがＡさんは、子どもが学校へ行かなくなるという、親として学ぶせっかくの機会を逃してしまったのです。

＊親としての成長のチャンスを逃さないで

Ｔさんも同じように、長女の学校のことで苦労をした人です。さまざまな葛藤の結果、娘は転校をして元気に登校を始めました。

そんなある日、彼女は中学校のＰＴＡで催された講演会に参加しました。彼女の中には、よりよい親でありたい、そのために学べることを学びたいという思いが強かったのでしょう。それが、彼女とハートフルコミュニケーションの出合いでした。

彼女は2時間の話の中に、自分が学ぶべきことを発見したのです。娘が登校するという安心を手に入れるだけではなく、彼女は自分が子どもたちにとってのコーチでありたいと願いました。

娘の問題は解決していましたが、それとは関係なく彼女は学び始めました。それは子どもを何とかするための学びではなく、自分の人生においてしっかりとした中心軸を持ち、自分の生きるべき生き方を求めての学びでした。

そして、専業主婦だった彼女は働き始めました。子どもも中学生と小学校高学年。ますます親として、自分の生きる姿を見せなければならない時期に入っていきます。彼女自身が一歩前進することで、子どもたちに語って聞かせる生き方を模索しているように私には見えます。

一人の人間の成長に、遅すぎるということはありません。いつでも気づいたときが、その人が成長できるときです。

ところが、親が子どもに対してできることには、時間的な制限があるように思います。

その理由は二つ。子ども時代が一人の人間の人生に与える影響があまりに大きいことと、結局、親は子どもより先に逝ってしまうということです。

ハートフルコミュニケーションで提案しているように7歳までに自立の準備をし、14〜15歳までに自分をコントロールして、人生を選択できるよう訓練するとしたら、親は15年間ですべてを子どもの中から引き出さなければなりません。あとの3年は、一緒に暮らし、子どもが一人で生きられることを確認するための時間です。15歳までの時期を逃さず、ひとつひとつの出来事で、親が与えることのできる肯定的な影響をできる限り与えないと、まもなく子どもは親から離れていってしまいます。

離れていってしまった子どもを見て、自分の子育てが間違っていたと嘆いても、もう遅いのです。とはいえ、ずっと手元において面倒を見ても、いずれ親は先に逝きます。残された子どもは、どうやって生きていくのでしょう。

遅すぎるということはない……と言いたいところですが、「チャンスを逃さないで」とお伝えしましょう。

第5章

「愛すること」を教えきれなかったと感じる親へ

愛することを教えるために今からできること①

黙ろう

あるお母さん、Ｋさんが『子どもの心のコーチング』を読み、その効果に感動して彼女の体験を寄せてくださいました。ご紹介します。

私には高校生の息子が一人います。今までの子育てを振り返り、反省と後悔が多く、自分を責める日も多く、そんな自分を変えたくて出合ったのが本書でした。

それまでの私は、息子に対し、話すことといえば指示・命令・説教ばかりであったことに気づきました。この子はどうしてこうなんだろうと、息子を責めることばかりだったと思います。

『子どもの心のコーチング』は興味を引くものばかりで、自分の子育てはヘルプが多く、サポートをしてこなかったことにも気づきました。「子どもの話を聴くことはサポートの基本」と書いてあり、私はまず「聴く技術①黙る」を実践しました。

ただ黙っているだけだから簡単だろうと思っていましたが、「黙る」というのはなんて大変で難しいことか……！　今まで黙って私の指示や命令を聞いていた息子はエライ!!　本当にそう思うほど、黙ることの難しさを体感したのでした。

そして黙り始めて1週間。黙って話を聞く私に対し、「調子悪いの？」が息子の反応でした。それまで、私の話を、また説教かよと不機嫌な顔で聞いていた彼に、自分が話すチャンスがめぐってきたのです。

そして、今までの不満もふきだしました。

「母ちゃんは理想が高すぎる。母ちゃんの言う通りにいくほど人生甘くない」

「4、5、6年は学校がつらかった。特に5年のときは学校でもガミガミ、家でもガミガミ。はっきりいって自分の居場所がなかった。家のベランダから飛び降りようと思ったけど、ドラマに出てくる死体がうかんで、あれはいやだなと思ってやめた」

など、身につまされるような話も出ました。

それから「母ちゃんに自分の意見を言うと3倍になって返ってくる。だから言う気もなくなるし、こわい」と……。

私は今までのことを心から詫び、息子が死なずによかったと思うと同時に、自分の不安から、息子に無駄な言葉を浴びせ、傷つけていたことに気がつきました。

それに対して息子は、

「でも、今、おれは気にしてないよ。5、6年の担任から教えてもらったこともあるし、今は楽しいし。母ちゃんのアドバイスも、役に立ったこともあるから」

息子のこの言葉に本当に救われました。今も、つらかった過去のことを少しずつ話してくれています。私の黙って聞く習慣も身につき始めています。

同時に私は、朝起こさない宣言をしました。ずっとヘルプしてきた私でしたが、今こそ最後のチャンスと子どもの自立をサポートし始めました。「自分では起きられないときがあるから心配」と言われても、「あなたなら大丈夫」と言い、自分で起きてもらっています。私がするのは辛抱のみ。

洗濯をしない宣言もしました。たまに「やってくれて助かる」と伝えると、「自分のだから当たり前だ」と頼もしい返事が返ってきます。息子の洗濯物だけが山のようにたまっていますが、何も言わず、こちらも手出しせず、本人がやるのを待ちます。すると、やるときはやるんですね。洗わないと着るものもないし、臭いし。本人が一番よくわかっているようです。

以前なら、目の前でごろごろしてテレビを見ている息子に腹を立て、「勉強しないの？」「だらだらテレビばかり見て！」と言っていましたが、ここでも黙るを実行。すると「勉強するか！」と息子。「なんだ、やるんじゃない」と心の中で私はつぶやき、ニコニコ笑顔になるのです。

「黙る」と「自分のことを自分でやってもらう」習慣がつくと、何より私の不平不満がなくなり、自分のために使える時間が増えました。私の心も楽になりました。

母はただ、にっこり笑って黙っていると、家庭が平和で明るくなるんですね……。それを体感しました。

今度は夫にも試してみようと思っています。

Kさんがワークショップに参加し、じつはわが家ではと、この話をしてくださったとき、その場にいるすべての人が、ため息混じりに、親が黙って子どもの話を聞く重要さを再認識したのです。

愛することを教えるために今からできること②

話を聞こう

私たちは、子どもの人生に土足で上がりこんで、「ああしなさい」「こうしなさい」と子どもに命令します。そこは子どもの人生であるにもかかわらず。

そこがよその家なら、すぐに警察官が飛んできて、私たちは追い出されます。子どもは警察にも通報しないで、我慢してくれているのです。

*子どもの小説に暗い未来を書きこむ親

私たちは、「私」という小説を生きているようなものです。小説ですから、次の章で何が起こるかは、読み進まないとわかりません。だから人生面白いのです。人生最後の日までのすべてがわかってしまったら、生きる面白さは半減どころか、まったくなくなってしまうことでしょう。

ところが私たち親は、子どもの小説に関しては、その次の章に不吉な予測をするのです。

「これ以上成績が落ちたらどうするの」

「そんなことをしていると、ろくな高校に入れないよ」

「あんたなんか引き受けてくれる大学あると思うの？」

「（ここに、あなたが最近した不吉な予測を入れてください）」

これらの不吉な予測は、「畏れ多きもの」からの目に見えない抑圧とは異なり、現実味があるだけに、根拠のある恐れとなって子どもを襲います。

「嘘をつくと閻魔様に舌を抜かれる」と言われても、閻魔様には会ったこともなく、抜かれた人の話も聞かないので、嘘をつかないように気をつけようと思うにとどまります。ところが、親の不吉な予測は、成績、高校、大学と大変現実的です。現実的なだけに、子どもの不安はいやが上にも高まります。

子どもの小説に、勝手に暗い未来を書きこまないでください。それでなくても、子どもは充分に未来に不安を感じています。

＊子どもが不安を打ち消す方向に向かうまで、話を聞く

変な書きこみをするかわりに、子どもが感じている不安に耳を傾けましょう。

口先だけのなぐさめなどはいりません。黙って、心穏やかに聞いていれば、子どもは自然に自分の不安を打ち消す方向に向かいます。

なぜなら、すでに人生を経験してきている親が、穏やかに自分の不安に耳を傾けてくれていたら、子どもは自然に、それほど不安を持つ必要もないのかもしれないと気づくのです。

別の言い方をすれば、子どもが自分の不安を打ち消す方向に向かうまで、黙って話を聞くのです。子どもが自分の小説の次の章に進めるように。

子どもを愛するがゆえに、親は何とかしてやりたいと思って、いろいろ口を挟むのだと言う人がいるかもしれません。そうですね。可愛いと思わなかったら、口うるさく言うどころか、子どもの存在を無視してしまうかもしれません。

ここでいう「黙る」は、何とかしてやりたいからこそ、黙って子どもの話を聞くということです。Kさんがしたのはまさにそれです。

子どもが何をどう感じているのかがわからないと、「何とかしてあげる」ことができません。子どもの感じ方を無視して何とかしようとすると、それは単に、親の期待に向かって子どもを誘導する行為でしかなくなってしまいます。

黙るのは、イコール聞くことで、聞くことは「あなたの話を聞くことは私にとっては大切なことです」という、愛を伝える行動以外の何物でもありません。『子どもの心のコーチング』には聞き方の基本も書いてあります。ただし、幼い頃と違って、思春期の子どもはもっと本気を求めます。幼い頃は、優しい気持ちで、ゆったりと語尾をくり返して聞いていると、いろいろな話をしてくれました。ところが、大きくなるにつれて、そう簡単にいかなくなるのが現実です。

不安で押しつぶされそうになっている中学生の息子の言葉に耳を傾け、子育て講座で習った「オウム返し」をしていたお母さんは、息子に「そうやって言葉をくり返されると馬鹿にされているようで腹が立つ」と言われ、言葉を失いました。聞きのテクニックは、思春期の嵐のまえには、ただの小手先のことでしかないことを知らされたのです。

鍵は本気です。本気があるとき、話を聞くという技術が生きるのです。

愛することを教えるために今からできること③

必要なら謝ろう

Kさんは息子に謝りました。息子は「今、おれは気にしてないよ」と許してくれました。こんなときです、子どもの寛大さを知るのは。

これは、Kさんがどんなにガミガミ言っても、そこには愛があることを子どもが感じ取ることができたからです。加えて、子どもは自分を幸せに導くために親を許す特別な能力を持っている、というのも理由のひとつでしょう。

もし、本当に悪かったなと思うのであれば、子どもに謝ることも大切です。しかし、謝るときにはそれなりの覚悟が必要です。謝っても、親のやっていることが以前と変わらないと、子どもはその謝罪が口先だけのものであったと理解します。

Kさんの謝罪を息子が受け取ったのは、ひたすら息子の話を聞くKさんの姿があったからこそです。実行のともなわない言葉は、かえって子どもを傷つけることになります。

私も娘に謝ったことがあります。私はハートフルコミュニケーションを考え始めて25年、講演などの活動を始めて15年以上になります。娘が生まれてからずっと考え、娘の年の半分以上は活動をしていることになります。

では、私がハートフルコミュニケーションでお伝えしている通りのことが、つねにできているかというと、必ずしもそうではありません。できているときもあれば、できていないこともたびたびです。

娘に対して否定的な言葉を投げた次の日の講演は、つらいものがあります。話しながら、昨日のことを思い出し、良心がうずき、自分はハートフルコミュニケーションをやってはいけないのではないかというところまで落ちこみます。

ある日、私は娘に謝りました。

「私は人前ではいいこと言って、でも現実にはひどいこと言って……」

そして、娘の寛大さを体験しました。私の話を最後まで聞いて、娘は「そんなこと言わずに、お母さん、頑張ってよ」と励ましてくれたのです。

第3章で「親が自分を語り、今を見せる」(108ページ)とお伝えしました。それは夢や希望を語るだけではなく、親自身の弱みを見せることも含んでいます。もし、自分がどうしていいのかわからないなら「わからない」と、反省しているなら

「反省している」と、悪かったと思うなら「悪かった」と、素直に今の自分の気持ちを伝えることを意味しています。

親は、すべての答えを持っているわけではないのですから、過ちがあっても当然です。

親も弱いところのある一人の人間で、過ちを犯すこともある。そして、それに気づけば素直に過ちを認めて詫びることもできる。思春期を迎えた子どもは、親から離れようとしているだけに、そんな親を距離をおいて冷静に見て、責めるどころか反対に励ましてくれることも多いようです。

あるがままの自分を見せていくことは、子どもにもあるがままでいいと伝える、大変パワフルなメッセージです。

＊謝るときは本気でストレートに

謝るときは、本気でストレートな表現をおすすめします。

「自分も悪かった。だけどそれはおまえのためを思って……」などと、自分を正当化しようとしないことです。どんなに子どものためを思ってやったことでも、それを言い訳されると、子どもは本気ではないように感じ取ります。

「さっき言った一言で、おまえを傷つけたのではないかと反省している。悪かった。許してほしい」

とはっきりと謝ることです。もし、Kさんの息子のように過去のことをいろいろ話してくれたら、

「それは申し訳なかった。もし自分がそんなことを言われたら、きっと傷ついていただろう」

と共感を示して謝ります。

それでも、もし子どもが「許せない」と言ったら、それは親の本気を試しているのです。「許せない」という子どもの言葉を信じてはいけません。我慢強く、子どもの言葉に耳を傾けてください。

愛することを教えるために今からできること④

「好きだ」と言葉で伝えよう

子どもが可愛くないと言う人がいます。講演などで質問を受けつけても、そういう人は手をあげません。人前で、「私は自分の子どもが好きではありません。嫌いです。どうしたらいいでしょう」とは言えないのでしょう。あとでそっとやってきて、子どもが可愛くないと言います。中には目に涙を浮かべている人さえいます。それはそうでしょう。自分の子どもが好きではないなどということに、母性は耐えられないはずです。

先日も、講演の際、中学生になる息子が好きになれないと訴えるお母さんがいました。現実はもっとひどく、「大嫌いだ」と言うのです。子どもが小さいときから違和感はあったが、最近ますます嫌悪する自分がいると言うのです。ただ事ではありません。

理由はいろいろでしょう。ひとつには、親自身が自分のことが好きではなく、自分が自分に対して嫌だと思っている部分と子どもがそっくりだったりすると、だから子どもが嫌いということがあります。それは、子どもではなく、自分に対する感情です。あるいは、嫌いだった父親に似ているとか。また、好きだという気持ちを敏感に感じ取る習慣がないのかもしれません。

いずれにしても、ほとんどの場合、子ども自身とは何の関係もないことで、子どもが嫌いだと言っている場合がほとんどです。

子どもは、それぞれの気質を持って生まれてはきますが、それ以外は白紙です。その白紙状態の子どもを、好きか嫌いかと判断するのは親自身です。「自分に似ている」とか、「大嫌いだったお父さんに似ている」などと判断し、その判断を通して子どもを見ますから、結果として「ほら、やっぱりね」と、子どもの嫌いなところを見つけてしまうのです。

迷惑なのは子どものほうです。つねに親から嫌い光線を送られては、「自分は愛される価値のない人間だ」と思って育っても仕方がないでしょう。親の問題を着せられた、かわいそうな子どものでき上がりです。

親たちが、「子どもが可愛くない」「嫌いだ」とささやいてくれたとき、私は内心「ありがとう」と言います。「よく言ってくれた」と思います。子どもが嫌いで当たり前にせず、何とかしたいと思ってくれたのです。

そんな人におすすめするのが、まずは形から入ることです。「まずは、好きだと言ってみてください」とお願いします。小学生の娘を持つお母さんは、それでうまくいきました。日に何度となく、娘に対して「好きだ」と伝えて、娘も素直にそれを受け入れてくれるようになり、二人の間は急速に親密になりました。

ところが、中学生の息子を持つお母さんは、そう簡単にはいきませんでした。面と向かって「好きだ」とは、どうしても言えないのです。

そこで、もっと簡単なところから始めることにしたそうです。「行ってらっしゃい」とか「ありがとう」という、日常の言葉がけを増やしたのです。そしてあるとき、ちょっとした子どものしぐさに「優しいね」と声をかけました。息子はけげんそうな顔をしていましたが、勢いのついたお母さんは、「そういうあんたが好きだよ」と続けたそうです。

ストレートに「好きだ」と表現されることに抵抗する子どもはいません。いるとしたら、それは照れているのか、「好きだ」が信じられずに試しているかのどちらかです。

「好きだ」と言うことは、親にとっては大変な冒険です。無防備に自分の心をさらけ出すのですから、簡単ではありません。でも、だから「好きだ」には力がありま す。親が無防備になっているとき、親自身の心にも、子どもに対する「好きだ」が 広がっていくのです。

「好きだ」と、言葉で伝えてみてください。

愛することを教えるために今からできること⑤

とことんサポートしよう

子どもが親の愛を受け取り始めたら、「責任」を教える準備ができ始めています。親が目指しているのは、自立のサポートです。子どもの自立をどのようにサポートするかを決め、一歩ずつ前進しましょう。あなたが子どもに教えたいことは何でしょう。

Kさんは、息子に、朝起こさない宣言をしました。自分で起きてもらうためです。お母さんの愛を確認した息子は、安心してお母さんの宣言を受け止めることができました。それればかりか、Kさんは洗濯までも息子にまかせることにしたようです。それも息子は「自分のだから当たり前だ」と受け入れてくれました。

親に愛されていることを知っている子どもは、親との間に肯定的な感情の絆を感じることができます。すると、「自分でやりなさい」という、いわゆる突き放す行為が、自立を促す親の愛情によるものだと理解します。

ところが、基本となる絆が確認できていないと、「自分でやりなさい」がなかなか受け取れません。突き放されたと感じ、やらされることに不満を抱き、自分の仕事として受け取ろうとしません。

責任を教えようとするときに、先に愛することを教えなければならないのはそのためです。

子どもの自立のために、子どもがどうなるのが理想かを描いて、その状態を目指してとことんサポートしていきましょう。

「愛すること」を教えるのが目的ではなく、それを土台に、子ども自身の人生を積み上げていってほしいのです。

第6章

「責任」は生き方の質を決める

「責任」は生き方の質を決める

なぜそういうこと（結果）になるかは、そのような種（原因）をまいたからです。その原因なくして、その結果はありません。そして次にするべきは、では自分に何ができるかを考えて、それを行動に移すことです。

この原因と結果の法則の中で、自分がどのように行動するべきかを考え、実行していく力が「責任」です。

責任というと、「ねばならないもの」、重くてできれば背負いたくないものという印象を受けます。でも、本来の責任の意味はちょっと違います。

責任は、英語で「RESPONSIBILITY」と言い、「RESPONSE（反応）」「ABILITY（能力）」という二つの言葉から成っています。日常の反応しなければならないことに対して、自分で積極的に「反応していく力」が、子どもに教えたい「責任」なのです。

人間は基本的に、不快なものには反応するようにできています。それは、つねに人が快適を求めているからです。薄手のものを着て出かけて寒ければ、次の日は暖かい格好をしていきます。扇風機の風がうっとうしいと思えば、扇風機を止めるか、風をほかに向けるでしょう。

自分の体験が好きでなければ、その体験のもととなっているものを変えようとする力が働きます。それが「責任」です。

責任を教えられた子どもは、不快なことに出合うと反応し、自分の納得のいく結果を得るために、原因を変えようと行動を起こします。その体験を積み重ね、人生が自分次第であることを学んでいきます。

＊朝起こさないことから始めよう

『子どもの心のコーチング』では、子どもに責任を教える方法のひとつとして、朝起こさないことから始めようと提案しています。

学校に遅刻しないために、何時に起きる必要があるのか、そのためには何時に寝なければならないのかを考え、自分で起きる。どうということのない一日の始まりが、すでに責任を学ぶ一歩なのです。

起きるのが遅くて遅刻をし、いやな思いをすれば人間は考えます。遅刻して先生に注意され、友達にからかわれたら「いやだなぁ」と考えます。そして、不快なものから解放されるために、不快の原因となるものを取り除こう、あるいは変えようとします。遅刻しないために早く起きるようになるのです。

ところが、この話をすると必ずといっていいほど出てくるのが、「うちの子は不快を感じない」という意見です。不快を感じないから責任を学べないというのです。

でも、それは単に、人によって何を不快と感じるか、どの程度で不快と感じるかが違うだけです。

先生や友人と仲のいい子どもは、彼らに軽く注意されたり、からかわれたりするだけであれば、たしかに不快を感じるまではいかないでしょう。自分の作った結果が不快な場合は子どもが自ら考え、原因を変えようとできるように、子どもの気質に合わせて親も考えることが大切です。

あるお母さんの息子は明るく、クラスでも人気者です。先生ともいい関係であることを利用して、お母さんは作戦を練りました。朝起こさないことを宣言し、先生にそれを伝えて連携を依頼したのです。「遅刻するようなことがあれば叱ってください」と。

付け加えるなら、この場合、ただ叱るだけではなく、あとで一言、「君が遅刻しないために、先生にできることはあるかい？」と言っていただくようにするといいでしょう。好きな先生からそう言われれば、彼は「大丈夫。明日からちゃんと起きる」と言うはずです。

先生の一言には、君にはできるとわかっているけど、もし手伝えることがあれば手伝うよ、という態度が現れています。子どもを信頼している態度です。

＊あなたはどうですか？

一人の人として、人生は自分次第だと思っていますか？　自分の努力次第でよりよい状態を作り出せると思っていますか？　うまくいかないのは誰かほかの人のせいだと、被害者になってはいませんか？　環境のせいだと思っていませんか？　被害者になって人を恨んだり、妬《ねた》んだりしてはいませんか？

もしそうなら、あなたはここでもう一度チャンスを与えられました。

親として選ばれたということは、子どもに責任を教えるプロセスで、自分自身が人生の主人公として生きることを学ぶチャンスが与えられたということです。人生の主人公であるということは、つまり、人生は自分次第でもっとよくすることができると知っているということです。

生きることは自分の仕事です。ほかの人がやってはくれません。ということは、人生で何を手に入れるか、どれだけの充足感を体験するかも自分次第です。

自分が今手にしているもの（結果）は、自分がまいた種（原因）の結果です。ほしいものの種をまけばほしいものの芽が出ますが、そうでないものの種をまけば、そうでないものが手に入ります。

このなんとも単純なことわりを、私たちは理解する必要があり、子どもたちに教える必要があります。

そしてその方法は、言葉にして言う以上に、日常で彼らの仕事を彼らにまかせて、そのことわりを体験させるやり方が、もっとも力強く効果的なのです。

子どもの日々を子どもにまかせ、余計なヘルプはせずに、自分の行動の結果を体験させてあげてください。

限界を設定する

　知人のAさんが、息子のことを話してくれたことがあります。Aさんと、当時中学生だった息子は、比較的仲のいい親子だったそうです。

　ある日警察から、息子を万引きの疑いで預かっていると連絡がありました。あわてて迎えに行くと、何人もいる少年の中に息子はいたそうです。

　あまりのショックに、彼は悔しくて泣きながら、息子に飛びかかって殴りつけてしまいました。息子を殴ったのは、それがはじめてだったそうです。あとから、自分の手があんなに痛かったのだから、息子はもっと痛かっただろうと思ったほどでした。

　息子は生まれてはじめて父親に殴られました。あまりの勢いに、おまわりさんが「まあまあ、お父さん落ち着いて」と割って入ってくれたそうです。でも彼は気がすみません。次に彼は、警官のいるその場に土下座をして、息子の不始末を詫びたそうです。思わず泣けてきた、彼はそう言いました。

聞き取りの結果、彼の息子はいやと言えずに、グループについて行っていたことがわかりました。彼自身は盗みを働いてはいなかったのです。でもAさんは言います。そんな奴らに「やめよう」と言わなかった息子が情けないと。

息子にとって、この経験は大きな衝撃でした。面白半分にした盗みでしたが、警察に捕まったことと、それ以上に父親に殴られた痛みと、そして好きな父親が警官の前で背中を丸めて詫びる姿を見たのです。

彼の作った原因は、父親を傷つけるという結果で終わりました。傷ついた父親を見て、さらに自分が傷つくという結果で終わったのです。

その父親の姿はある意味、息子にとってはひとつの限界を設定しました。二度と父親にこんな思いをさせてはいけない、彼はそう思ったのでしょう。息子は「二度としない」と誓ったそうです。

そして事実、その後は、親を心配させるような行動はなかったといいます。

かつては、世の中にある「畏れ多きもの」たちが、子どもたちの限界を設定してくれました。幼いうちに、何か得体の知れない「畏れ多きもの」の存在を感じ、心の中で自分を律することを子どもたちは学んだのです。

ところが「畏れ多きもの」がない今、私たち親は、子どものために、意識して限界を設定してやらなくてはなりません。

ここまでに、具体的ないくつかの限界設定の例をあげてきました。

親父の拳固の痛さを思い出すとあんな痛いのはもういやだ、と家出グループに参加しなかった息子。もし自分が死ぬようなことがあったら、お母さんが後追いするから私は死ねない、と言った私の娘。自分のために警官の前に土下座する父親を見て、そんなことをさせた自分を恥じ、二度と父親にそんな思いをさせたくないと言った息子。

これらはすべて偶然の産物です。限界設定しようとしてできたものではありません。

では、意図して限界設定をするにはどうしたらいいでしょう。

それが、責任を教えるプロセスです。基本的には、責任を学ぶプロセスで、自然に設定されていくものです。まかされて、自分の不快を快に変えていくプロセスで、子どもは多くを学びます。不快を充分体験していれば、あえて不快を選ぶような生き方を避けるようになります。

つまり、選択のできる子になるのです。一時の感情に身をまかせて、超えてはいけない限界を超えることはなくなります。

それ以外に、親としての心構えをいくつかあげておきましょう。

1、いいことと悪いことの間にはっきりとした線引きをする

何がいいことか、何が悪いことかをはっきりと子どもに知らせることです。いいことはいいと伝え、悪いことは悪いと伝えます。

親がはっきりした線引きの基準を持っていないと、子どもは迷います。日によって、親の気分によって、よい悪いが異なると、子どもは親を信頼しなくなります。

また、何を悪いとするかが重要です。あまりにやってはいけないことが多すぎると、子どもの限界範囲が狭すぎて、子どもは息苦しい生き方を求められます。

本当にいけないこととは何でしょう。

2、よいことをしたときは、それをきちんと伝える

私たち親はしつけと称して、自分の気に入らないことを子どもがやったときに、叱ったり小言を言ったりします。

ところが、納得がいくことをやっても、それは言いません。なぜなら親の目から見ると、それはやって当たり前のことだからです。

「よくやっているな」と感じたら、それを言葉にすることが大切です。

3、暴力は振るわない

前出の例のように、親子の間で暴力が功を奏するのは、一生に1回です。たった1回の体験だからこそ、子どもの限界設定になるのです。

いつも暴力を受けている子は、反対に、親が設定しようとする限界をわざと超えることで、親に復讐《ふくしゅう》しようとさえするでしょう。

暴力を使わず、言葉で教えることが先です。普段から慢性的に暴力を振るう親は、親自身、何が大切かを言葉で伝える自信がないのです。

子どもに何が大切か、何がいいか悪いかを伝えようとすれば、親も言葉を持つ努力が大切ではないでしょうか。

思い通りにならないことがあると教える

人生は自分次第であることを教えようと言いました。多くを与えようとも言いました。

それは、ほしいものは何でも手に入るということではありません。子どもが不適切なものを求めたときは、親ははっきり「ダメ」と言わなければなりません。親の都合や方針で、子どもがしたいことができないこともあるのです。

共感と根気を持って、子どもとコミュニケーションを図ります。子どもを突き放したり、力でねじ伏せたり、まして説得することもいりません。ただ「ウチの親は何を言っても、いったんダメと言ったら絶対にダメ」であるとわからせることです。

「ねぇ、お願い。マミちゃんとリカちゃんのお母さんは行ってもいいって言ったの」

「ダメだって、お父さんにも言われたでしょう。子どもだけで街へ買い物には行けないわ」

「どうして？　マミちゃんたちは行くのよ。何でうちはダメなの？」

「この間、おばあちゃんと買い物に行ったでしょ。そんなに何度も行かなくていいの」

「おばあちゃんじゃないの、マミちゃんたちなの。いいでしょう、行くよ」

「何べん言わせるの。ダメだって言ったでしょう。来月になればお父さんの時間がとれるから、そしたら皆で行けばいいじゃない」

「家族じゃないの。友達と行きたいの。何にもわかってないんだから。わからずや」

「何言ってるの、いい加減にしなさい！」

こんな会話をしていながら、根負けして、もし街に出かけることを許したら、子どもはごねれば何でも手に入ることを学びます。

＊断固とした態度でのぞむ。説明は最低限に

断固とした態度でのぞみましょう。人生には思い通りにならないことがあり、そ

れは受け止めなければならないことを教えるのです。

「ねぇ、お願い。マミちゃんとリカちゃんのお母さんは行ってもいいって言ったの」

「一緒に行きたいのはわかるわ。でもダメよ」

「どうして？　マミちゃんたちは行くのよ。何でうちはダメなの？」

「それはもう話したよね。あなたはまだ、街に子どもだけで買い物に行く年齢ではないわ」

「なんで、そんなのいやだ」

「いやだよね。友達と一緒に行きたい気持ちはわかる」

「わかるんなら行かせてよ」

「行きたいのはわかる。行きたいのに、行かせてもらえないつらさもわかる。お母さんがあなたなら、きっと同じように思う。でも、ダメなの」

物事を禁止されると、子どもは「なぜ？」「どうして？」と説明を求めるようなことを言いますが、説明をしたからといって納得するものではありません。もっともっとと説明を求めるだけです。

最初から、「ダメなものはダメ」「よそはよそ、うちはうち」でも、子どもは納得しません。なぜかの説明はしてください。そして、最低限の説明をしたら、それ以上の説明はしないことです。親の説明は時には、「厳しくしてかわいそうだ」という罪悪感からくる、厳しさに対する言い訳になってしまいます。納得させるための交換条件もいりません。

わが家の子どもでいることの現実を示し、子どもの気持ちに共感を忘れないことです。突き放したり、理屈でねじ伏せることが目的ではありません。どんなにほしくても限界があることをわからせたいのです。そして、限界は超えられないことをわからせたいのです。

この場合、子どもの敵はお母さんではありません。敵は、超えてはならない限界なのです。限界がある限り、お母さんと戦ってもダメなんだとわからせたいのです。この限界は、お母さんでさえ犯すことのできないものであることをわからせたいのです。

ですから、子どもに限界があることを教えるときは、つねに共感を忘れないことです。辛抱強くやるうちに、子どもも現実を受け入れるしかないと悟るでしょう。『子どもの心のコーチング』で、「朝起こさないことから始めよう」と提案しています。このときのやり方もまったく同じです。

親が「明日の朝から起こさないと決めた」と伝えます。これは、ある意味、親がやってあげられることには限界があるという宣言です。子どもは「それは困る。起こしてよ」と反応するかもしれません。「何言ってるの。そんなことぐらい自分でやるようにしなさい」と対立を起こすと、親が悪者になります。限界を教えるときは、親は悪者にならないことが大切です。

「そうだよね。起きられないかもしれなくて心配だよね。お母さんも心配」

すると子どもは、「だから起こしてよ」と言うでしょう。でも、一言、言ってください。

「起こさない」

自由を与えて責任を取らせる

あなたという親と長く付き合ううちに、子どもは、わが家には超えてはならないものがあることを理解してきます。そして、その限界を超えないように生きることを身につけていきます。

そのとき親は、限界の中にいる限りにおいては、子どもが自由に生きられるよう、配慮することが重要です。限界は厳しく、その中では自由にということです。

子育てに関して、厳しくするべきか、自由を優先させるべきかという議論がありますが、厳しさと自由のどちらかという選択はありえません。限界のない自由は、子どもを大変危険な生き方の中に放りこむことになります。限界を厳しく設け、そして自由をも奪うと、生きることそのものに意欲を失わせる結果になります。

限界を設けたら、その中においては自由にさせましょう。子どもにまかせるのです。快も不快もあるがままに体験させ、不快には自分で対応して、快へと変化させられる力をつけていきます。

携帯電話が子どもたちの間に浸透し始めた頃、電話料金をめぐって親子でもめるという話をよく聞きました。その結果、大変な親子げんかをくり返した人たちがいたようです。これなども、はっきりとした限界設定をしなかった結果でしょう。

子どもに携帯を持たせるときに、月にいくらまでの料金は親が払うと決め、その料金内で使う分には、子どもに自由にやらせます。限界を超えた利用があれば、超えた分は子どもが責任を取り、支払います。支払うお金がないのなら、来月の使用量が減ります。自分の行動の結果に責任を取らせるのです。

お小遣いも同じです。1カ月のお小遣いの額は決めて、それ以上は出しません。子どもは決まった金額の中でやりくりをしなくてはならないのです。でも、そのお小遣いを何に使うかの自由は与えます。観察を怠らず、不適切な様子がない限り、うるさく口を挟まないことです。

ところが反対をする親は、限界を決めないで、日々の子どもの電話使用にうるさく口を挟みます。これはまったく的外れなやり方です。まるで家に屋根をかけないで、降りこんでくる雨でぬれる床を熱心にふきながら、雨が降ると文句を言っているようなものです。

自由を与えられた子どもが向き合うのは、自分が作り出した、あるいは自分の前に現れた現実です。携帯電話を使いすぎて料金が払えないという問題。お小遣いを使いすぎて、本来買いたいものが買えなくなったという問題です。

それらの問題と向き合うとき、子どもははじめて、それらの問題をどう解決するかを考えます。これが子どもが問題と向き合っている状態です。

ところが、ここで親がうるさく介入したらどうなるでしょう。

「電話料金どうするの？あなたが使いすぎるからこんなことになるのよ」「だから言ったでしょう。お金は考えながら使わなきゃいけないって」などとうるさく言うと、子どもが向き合って何とかしなければならないのは、問題ではなくうるさい親です。

うるさい親に向き合っている間は、子どもは抱えている問題について考えたり、責任を感じたり、学んだりする暇はありません。親のガミガミに対していやだなと感じ、それゆえにそのすべてから逃げてしまおうとします。親の過剰な介入は、子どもが責任を学ぶせっかくのチャンスから、子どもを追い出してしまう行為となってしまいます。子どもの中に責任（自分の問題を自分で引き受ける）という思考を定着させるには、一定の時間が必要です。子どもが考える時間です。子どもにはその自由が必要なのです。

自分をコントロールすることを学ばせる

親はなぜ、子どもが学ぶチャンスをふいにしてまで、ガミガミ介入するのでしょう。

それは、親が自分の役割を履き違えているからです。自分の仕事は、子どもを何とかすることだと思いこんでいるのです。

親の役割は、子どもを何とかすることではなく、子どもが自分で学ぶ環境を作ってやることです。子どもが自分で、自分の人生を何とかできるように力を蓄えさせるのです。それがコーチの仕事です。

「飢えている人がいたら、魚を釣ってあげますか？　魚の釣り方を教えますか？」

魚を釣ってあげるのは、子どもを何とかしようとして、親が子どものかわりに働くヘルプです。子どもが乳幼児の頃には必要な仕事でした。

魚の釣り方を教えるのはサポートです。魚の釣り方を教え、あとは子どもが自分でやっていくのを見守ります。このとき子どもは、人生が自分のものであることを学び、よりよいやり方を考え、このプロセスで子どもは強くなるのです。

このプロセスで自由を与えられた子どもは、時には目を輝かせながら、時にはつらいと泣きながら、人生を作り上げる作業をしていきます。だから強くなれるのです。どんなに大変でも、最後は自分でやらなければならないことを学んでいきます。

そして、自分の人生を引き受ける過程で、子どもは自分を律する（コントロール）ことを学びます。自分を律しないと自分がほしいものを手に入れられないことを学ぶのです。

感情をコントロールし、行動をコントロールできるようになるのです。

＊共感しながら進むべき道を示す親、対立しながら子どもの人生を引き受ける親

このとき親には、ただ眺める以上の役割があります。

コーチとして、子どもがその学びの峠を越えられるよう応援することです。

携帯電話を使いすぎた子どもに、

「今月の電話料金3000円オーバーしているよ」

「3000円⁉　まずいな。ねぇ、お母さん払っといてよ」

「まずいよね。でも、お母さん払えないわ」

「なんで！　いいじゃない。けちだな」

「電話料金を範囲内に納めるのは大変よね」

「だろ？　だから、ねぇ、いいでしょ？」

「ダメです」

「なんでだよ。おれ、借金漬けになっちゃうぞ」

「本当に大変ね。高校生で借金漬けじゃ。だから、そうならないように、携帯はうまく使ってね」

　子どもに共感を示しながら、子どもの進むべき道を示します。子どものどんな抵抗にも挑発にも乗らずに、共感を示し、そして、進むべき方向を示唆します。そうすることで、子どもの学びを邪魔せずにすむのです。

　子どもに自己コントロールを教えるときは、何より親自身が自己コントロールができていることが大切です。

　子どもが学ぶチャンスを奪う対応も見てみましょう。

「今月の電話料金3000円オーバーしているよ」

「3000円⁉　まずいな。ねぇ、お母さん払っといてよ」

「何言ってるの！　だからちゃんと考えて使えって言ったでしょ。ダメよ、自分で払いなさい」

「なんで！　いいじゃない。けちだな」

「何がけちよ。自分が使いすぎておいて」

「この次からちゃんとやるから……」


この問答の末、もし親が払ってしまったら、子どもは親に責任を押しつける腕は上げますが、自分の不始末を引き受けることは学びません。親子の関係は対立を保ちつつ、子どもは親に依存し、親は子どもの人生を引き受けることになります。

もし、親が払わなかったとしても、子どもは親がうるさいから自制するのであって、自らの責任を学ぶことはないかもしれません。子どもは自分をコントロールすることも、行動を自制することも学びません。

限界を設定したら、その限界と向き合って子どもが必要なことを学べるようなコミュニケーションを心がけましょう。子どもが必要なことを学ぶときに、親とのいい関係を犠牲にすることはありません。親はつねに子どもの味方なのです。

「責任」を教えるのは父性の仕事

愛することを教えるのは母性の仕事である、と言いました。責任を教えるのは父性の仕事です。父性とはいえ、必ずしもお父さんの仕事というわけではありません。お母さんの中にも、バランスよく、母性と父性を持ち合わせている人もいます。

多くの場合、子どもが幼少の頃の子育ての主役は母親です。母親は母性を発揮して、子どもを包みこみ、守り、いつくしみます。その中で子どもは愛され、愛することを学ぶのです。

思春期における親子関係の問題のひとつは、母親が時として、その切り替え時期を見失うことにあります。さまざまなことができなかった子どもをヘルプし、育ててきたそのままをやり続けるのです。

ところが、親からの離脱を図ろうとする子どもにとっては、母性の介入は余計なお世話です。より以上に親との間に距離をおこうとしますが、心配する母性はさらに介入しようとします。

このとき必要になるのが父性です。

母性は子どもの不快を我慢して見ていられません。母性は子どもの痛みを感じ取ってしまうので、その痛みから逃れるために、あれこれ手を出してしまうのです。反対に、父性は子どもの不快に対して鈍感です。子どもの不快を自分の不快として感じないので、手を出さずに冷静に見ていられるのです。この父性があるがゆえに、子どもは責任を学ぶことができます。親が手を出さず、子どもが自分の不快を快に変えていくのをじっと見守るからです。

ある夫婦の葛藤です。思春期の子どもを抱える二人は、よく子どものことで口論をします。母親はさまざまに子どものことを心配して夫に相談しますが、夫は「放っておけ。痛い目を見ないと学ばない」と言うそうです。

妻はこの言葉を聞いて、「なんて冷たい人だろうと思った」と言います。「子どものことなんて何も考えずに、仕事ばっかりして。おまけに痛い目を見ないとなんて。痛い目を見てからじゃ遅すぎる」というのが母親の言い分です。

この話を聞いて私は、父性はなぜ「痛い目を見ないと学ばない」のかを語る言葉を持たなければならないと思いました。

父性を持ち合わせている母親であれば、「痛い目を見ないと学ばない」の一言で、「それもそうだな」と、自分も子どもとちょっと距離をおくことができます。

ところが、父性の低い母親は、自分と子どもが夫に突き放されたと感じます。母性は孤立し、いっそう母性だけの子育てになりかねません。すると子どもは、ますます責任を学ぶことから遠ざかってしまうのです。

母性と父性の性格の違いにより、父親の子育ては、母親のそれとはまったく役割が異なります。もちろん、母親を手伝ってオムツを替えるのはありがたいことです。大いに参加してください。でもそれ以上に、父親は子どもを、特に男の子を一人の役に立つ社会人として、世に送り出す責任があります。

男の子のモデルは父親です。父親から男として生きることを学びます。父親は男の子の超すに超されぬ限界となって、無事に思春期を通り抜けることを見届けなければなりません。いずれ男の子も大人になって、父親を等身大に見る日がくるでしょう。でもその日がくるまでは、父親はいつも目標であり、自分の前に立ちはだかる大きな存在なのです。

できることのひとつは、職業人としての自分を語ることです。今の仕事にどんな意味があるのか。仕事の面白さや世の中にどのように役に立っているのか、それを語って聞かせてください。子どもは必ず、「すごいな！　自分もいつか」と思います。

そのためには、いま一度自分の仕事の棚卸しをして、この仕事の何が面白いのか、なぜこれを選んでいるのかを発見しなければなりません。

そして仕事の効率を高め、家族との時間をとってください。どんなに活躍していても、姿のない父親をモデルにするのは大変難しいことです。

先日、ある会社で会議に参加しました。マネージャーたちが、残業を減らすことについて話し合っています。参加者は本音で語り始めます。何で残業が減らないのだろう。

一人がポツリとつぶやきます。

「帰りたくないんじゃないのか？」

すると別の一人が言います。

「あるかもしれん」

会議が休憩に入ったときの雑談で、夫、父親の家庭における地位の確立は、会社の残業代の減少に大きな関係があるかもしれないという結論に達しました。冗談っぽく話していましたが、かなりの真実が含まれていると感じた会話でした。

遅いということはない……と言いたいけれど

＊限界を設定されなかった子どもたち

子どもたちの犯罪や問題が年々低年齢化しています。人を傷つけてしまう子ども。人を殺してしまう子ども。自分の命を絶ってしまう子ども。現実から逃避して薬漬けになってしまう子ども。引きこもる子ども。家に落ち着けない子ども。学校に通えない子ども……。

彼らは限界を設定されないまま、それらの世界へと足を踏みこんでしまいます。自分の行動の影響が、何を引き起こすか想像できないのです。

自分の行動の結果を引き受けたことのない子は、これをやったらどうなるかが想像できません。相手に何が起こるか、母はどう感じるか、父はどう思うかが想像できません。自分の身がどうなるかを考えることができないのです。

あるお母さんの嘆きです。彼女と夫は、高校生になる娘をそれは愛して育てました。大切に育てました。子どもの人格を尊重し、子どものいやがることをさせたことはありません。嫌いなものを食べさせることもしませんでした。

娘の欲求を満たし、意見を尊重し、自由にやりたいようにやらせてきました。それが個性を育てることだと思ったのです。

ところが、娘は、高校生としては不適切なものを求め、それをかなえてくれない親に腹を立てるようになりました。そんな親とは一緒にいたくないと、家を離れて友人の家を泊まり歩き、街のどこかで寝泊まりするようになってしまいました。

娘は腹を立てています。なぜ、自分のほしいものを手に入れてはいけないのか。なぜ、親は邪魔をするのか。本当に腹を立てています。学校もやめ、家にもときどきしか帰ってきません。限界を設定されないままに15年間生きてきた娘の人生です。

お母さんは嘆きます。あんなに愛したのに。そうです。お父さんとお母さんは娘を愛しました。愛しすぎたのです。

愛するがあまり、世の中には手に入らないものがあることを教えませんでした。やってはいけないことがあることも教えませんでした。限界を設定することなく、すべてを望みどおりに与えてきたのです。

それでも幼い頃には問題になりませんでした。求めるものが小さいので、親も気づかなかったのです。ちょっとわがままに育った、ぐらいに思っていたのです。ようやく親が現実と出合ったのは、15年たったときでした。限界を設定されていない娘の心は無防備のまま、世の中にさまよいだしてしまったのです。

こういう子どもたちは必ずしも特殊な例ではありません。今、よくあるケースと考えていいでしょう。

物質的な限界を設定されていない子ども、行動的な限界を設定されていない子ども。これらさまざまな子どもたちが社会にあふれていながら、私たち大人は事件が起こってはじめて、あわてふためくのです。

*今、教えなければ

私たち親は、自分の子どもだけは何とかさまざまな問題から守りたいと思います。子どもが小さいうちは、ある程度それは可能です。幼い子どもは身も心も親と一緒にいますし、幼いほど問題は単純ですから。

ところが思春期の子どもは、どんどん親から離れていきます。身も心も別の存在となっていきます。そしてかかわる問題も大きくなっていくのです。そうなると、もう親は守りきれません。

それでも子どもを守りたいと思うなら、その唯一の方法は、子どもの中に自律の力を育てることです。子どもが自分の身を守る力です。どんなことがあっても乗り越えられるように、生きる力を育てます。

身近なことで限界を設定してやり、できないこと、やってはいけないことがあると教えてやることです。

もちろん人生に遅すぎるということはありませんが、今教えなければ、いつそれを教えるのでしょう。

第7章

「責任」を教えきれなかったと感じる親へ

責任を教えるために今からできること①

あなたの子育てを自己診断しよう

さて、ここであなたの子育てを振り返って見てみましょう。子育てには段階があります。

*子育ての段階①愛する

最初の段階が愛することです。

子どもが充分に親の愛を感じ、自分は愛されるに値する人間であるという自己認識を育てます（自己肯定感）。愛情が充分ではなかった、子どもが愛されていると思える環境ではなかったと感じている方は、第5章「『愛すること』を教えきれなかったと感じる親へ」に戻って、愛することから取り組んでください。

*子育ての段階②干渉の度合い

もし、あなたが子どもを愛したことに自信があり、お子さんも親に愛されていることを充分知っているとしたら、次は干渉の度合いを見てください。

愛するがゆえ、可愛いからと過剰な干渉をしてきてはいませんか？　子どものやるべきことを明確にして、あとは子どもを信頼してまかせ、そのプロセスで、あるいは結果を見てコーチするというやり方をしてきたでしょうか。それとも目標も行き着く先もはっきりしない中、子どもを追い立てて、「できていない」と子どもを不安に陥れてはいませんか。これは子どもが自分を律することを学ぶ環境ではありません。

また別のケースも考えられます。充分愛しました。ところが、子どもがさまざまな面でできがいいので、ほめて、認めて子どもの万能感を膨らませてしまった。責任を学ばせるプロセスがなかったので、子どもは自己中心的な傾向が強い――。

ご自分がこれまでやってきたことの点検をし、まず、何から始めなければならないか、親として何を変えなければならないかをはっきりさせてください。

あなたの子どもに、どうなってほしいかです。

＊子育ての段階③生活環境

次に子どもの生活環境です。子どもの生活環境とは、親の生活態度です。子どもに対してどうか以前に、あなた個人がどんな生活をしているかを振り返ります。

今のご自分の生活を振り返って、子どもの自立を妨げるような問題を、親として抱えてはいませんか？

あなたの日々の生活習慣は、子どもに見習ってほしいと思えるものでしょうか。


夫婦の関係は安定していますか？

母親だけまたは父親だけで育てている場合は、安定的なサポートを受けていますか？

経済的に家族を支えるだけの収入がありますか？

住まいは適度に整っていて、子どもが気持ちよく暮らせるような環境ですか？

子どもは心のこもった食事を与えられていますか？

家族は定期的に一緒に食卓を囲んでいますか？

家族の団らんはありますか？

家族は楽しく暮らしていますか？

あなたは幸せですか？

あなたは前向きですか？

基本的な生活の環境が整っていないところで、子どもに自立を求めるのは大変難しいことです。子どもを自立させようとするなら、まず親自身が自立することが重要です。自立について、第1章の20ページで次のように述べました。

「自分の人生を大切にし、楽しみ、日々起こるさまざまな問題に対応できる力です。苦しいことに耐えて前進する力です。自分の中に起こる感情的なものをうまく制御し、人の感情ともうまく付き合う力です。自分にとって何がよいか、よくないかを見極め、自分の人生を作り上げていく力です」

親の自立とは、一言で言うと、親自身が安定して幸せな人生を送っているということです。

子どもは、私たちが思っている以上に、親の状態から直接的な影響を受けます。親が自立して幸せな人生を送っていれば、子どももその方向に向かう可能性が高いでしょう。

子どもに対する接し方と同時に、親自身の生活を振り返ってみて、ご自分のために、あと何ができるか、何があればより充実して生きられるかを考えてみてください。

子どもを自立させるプロセスは、並行して親自身が自立するプロセスでもあります。子どもを幸せに導くプロセスは、親自身が幸せになるプロセスなのです。

責任を教えるために今からできること②

子どもを冷静に評価しよう

次はあなたのお子さんを冷静に観察してください。そして評価します。

あなたは、お子さんのどのような態度を改めてほしいと思っていますか？　お子さんがどうなることを望んでいますか？　これまでにあなたが教えきれなかったと感じていることは何でしょう。その数々を具体的にリストアップします。

約束した仕事をしない
乱暴な態度で家族に接する
門限を守らない
兄弟をいじめる
物を壊す
成績が期待されたものよりはるかに低い

あくまで自分の主張を通そうとする
学校へ行かない
朝自分で起きない

紙を取り出して、リストを作ってみてください。完全にリストができたと思うところで、そのリストをよく見ます。

リストにあがった問題は、特殊なもの以外は、思春期の子どもの誰でもがある程度、抱えている問題ではないでしょうか。そのすべてのひとつずつに対応しようとすると大変です。親も子どもも消耗してしまいます。

まずは、生活リズムを整えるところから始めてはいかがでしょう。小学生であれば早寝早起きと食事をきちんととる、中学生なら自分で起きて遅刻せずに登校する、などです。

生活のリズムが整うと、ほかにもよい影響が現れて、問題の多くが改善したという話もよく聞きます。それは、ひとつには、親が真剣になって子どもと向き合おうとする姿勢が伝わるからではないかと思います。

生活のリズムに問題がないとなれば、次のテーマをあげてみてください。

テーマを絞りこんだら、なぜ子どもがそうなのかを考えましょう。たとえば、「約束した仕事をしない」というのがテーマで、約束を守るようにコーチしていくとしましょう。

このとき、何をどうコーチするかを具体的にする必要があります。そのためには、なぜそうなのかを見てみることが必要です。

なぜ、お子さんは約束を守って仕事を片付けようとしないのでしょう?

①仕事の重要性を理解していない
②約束を守らなくても何ら不都合はない
③親があまりうるさく言うので、約束を守らないことで親に抵抗を示している
④自分は特別で、約束など守る必要はないと思っている

ほかにもあるかもしれませんが、この4項目で考えてみましょう。

①仕事の重要性を理解していないと、約束を守らないことがあります。仕事を依頼するときに、確実な依頼の仕方を心がけましょう。

②誰も困らないし、やらなくても何も言われないということであれば、子どもは気楽に約束を破るでしょう。親が約束したことを重要ととらえている態度が大切です。

③まずは親の態度を改めましょう。仕事を頼んだら信頼してまかせます。基本的に普段からの信頼関係があれば、このような抵抗をする必要はないはずです。これも親の側の問題です。

④いよいよ子どもの問題です。これこそ正しい方向に導かれる必要のあるものです。

お子さんが、自分は特別で、約束を守る必要などないと思っているとすると、将来大変な問題を抱えることになります。家の中では許されても、社会でそれを受け入れてくれるところはありません。自分の小さな世界で王国を築くことはできても、社会での活躍は見込めません。万能感が膨れ上がっている状態です。

またテーマが、「成績が期待されたものよりはるかに低い」だとしたら、なぜ期待されているだけの成績がとれないのでしょう？

①親の期待が大きすぎる
②勉強の仕方がわからない
③基本的な生活態度の問題で勉強に集中できない
④怠けている

①の場合は、子どもを適正に評価しましょう。あまりに重荷を背負わせると、子どもはつぶれてしまいます。高すぎるハードルでは競技はできません。
②学習の方法は人によって異なります。そのスピードもそれぞれです。兄弟などと比べたりせず、先生に相談するなどして、その子のやり方を見つけてください。
③睡眠時間が充分でない、食事に偏りがあるなど、基本的な生活習慣に問題がある場合は、勉強に集中できません。生活改善からとりかかったほうがいいでしょう。
④怠けて勉強をしないと何か起こるか、努力をするとどんないいことがあるかの想像がつかないのです。自分の行動の結果に関心がありません。小さな頃から、「人生は自分次第」をあまり体験してこなかった（親がさせなかった）のでしょう。
小さな目標を設定して、それをクリアすることから始めましょう。根気よく。

責任を教えるために今からできること③

どのように責任を教えるかをプランしよう

＊腹をくくる

さて、まず腹をくくる必要があります。子どもを朝起こさないことから始めようとお伝えするとき、私は親たちに、腹をくくってくださいとお願いしています。

子どもが責任を学んでいないということは、親にいくつかの原因があります。

子どもに対する愛情がない

愛してはいるが、責任は親が教えるものだということを知らなかった

知ってはいたが、そのやり方がわからなかった

腹をくくっていなかった

責任を教えるのは親の仕事です。学校の仕事ではありません。学校で学べる責任

もありますが、それは基本的な責任の姿勢を学んでいないと身につきません。そして、基本的な責任の姿勢を子どもに教えるのは、親の仕事なのです。

ところが、よさそうな情報には敏感に飛びついても、腹をくっていないと中途半端に物事を終えてしまいます。結局、親子ともに責任を学ぶことなく、子どもも親も、手に入るはずの充実感を犠牲にしてしまいます。そして言います。

「いずれ、時が子どもを育ててくれる」

「あんまり厳しくするとかわいそうじゃない」

「こういうことって、じっくり取り組まなきゃいけないのよ」

最悪のケースは「あれってダメよ。うちの子には向かないわ」と、責任を教えることさえ否定してしまいます。

私たちが子どもに財産として残せるものは、生きる姿勢だけです。そして、時は今です。

*あなたのサポーターを見つける

子どもに責任を教えるテーマを決めたら、あなたには、あなたをサポートしてくれる人が必要です。

最初にやろうと決めたことを実行し続けられないのは、ひとつにはそのサポートがないからです。そばに応援してくれる人がいれば、つねに自分の考えを確認でき、励ましてもらえます。本来、夫婦でそれができれば最高です。

あなたのパートナーは、あなたが子どもに責任を教えるサポーターになりえますか？

あなたのことをよく理解し、あなたのサポートをできる友人はいませんか？

子育てサークルの仲間、ＰＴＡで出会った友人、あなたの親は助けになるでしょうか。

あなたが子どもに我慢強く接する必要があるように、サポーターはあなたと我慢強く接してくれる人が最適です。

あなたのやり方を批判するのではなく、あなたの力になってくれる人です。あなたの話を聞いてくれ、時にはあなたをなだめてくれて、あなたを後押ししてくれる人です。子育ては一人ではできません。

あなたがやろうとしていることを、その人と、その人たちと話し合いましょう。あなたが考えていることが適切かどうかの意見をもらうのです。

責任を教えるために今からできること④

子どもにプランを告げて話をしよう

子どもにあなたのプランを告げてください。あなたが子どもの何に対して問題を感じているのか、それをどうしてほしいのかを話します。

これは、もめ事のついでには話さないことです。もめ事の最中に、思い余って持ち出すと、子どもは余計に反抗し、問題は大きくなるだけです。

親が失敗するいつものやり方は、テレビを見ている子どもに、「ちょっとあんたいつまでテレビ見ているの！　いい加減に勉強しなさいよ」と怒りを爆発させ、結局けんかになり、何の教育効果ももたらさず、同じことをくり返します。

子どもの状態がいいときを選んでください。親も落ち着いて話せるときを選びます。

まず、子どものことを大切に思っていることを伝えてください。

そして、問題を感じていることを伝えます。このままだと、子どもにとって、子どものまわりの人々にとって、いいことではないと告げます。親が怒っていると思わせないことです。いいものに向かって、いいことを起こそうとしている雰囲気を伝えてください。

遅刻が多い、約束を守らないなど、あなたがテーマにあげていることをきちんと伝えます。今後それらを改めていってほしいと伝えます。このときに、批判口調にならないように気をつけましょう。

それでも、子どもが抵抗したり反抗したりしたら、まずよく聞いて共感を示します。そしてきっぱりと計画の実行を伝えます。

「何でそんなことしなきゃいけないの！　いやだよ！」

「そうね。いやだよね。そう思うのはよくわかる」

「だったらやめようよ！」

「やめることはできない。あなたの将来にはとても大切なことだから」

＊子どもが戦う相手は親ではない

子どもがこれから戦う相手は親ではありません。ここで対立を作らないこと。子どもが戦うのは自分の中にいる、責任を取れない自分です。自分を律することのできない自分です。

親と戦って、親の力で子どもに言うことを聞かせたとしても、それは親の力ではなく、子どもは親のいないところ、自分をコントロールしてくれる人のいないところでは、その力を発揮することができません。

学ばせたいのは自律の力です。その際に、親は力を使いません。あくまで我慢強く、子どもが学ぶのを待ちます。そのためにも対立の構図を作らないことです。

このとき、親子はパートナーです。子どもがまわりから愛され幸せに生きるための充分な知識を身につけ、世の中の役に立つ仕事につくために、子どもが責任を学ぶことに一緒に取り組むパートナーです。

そして、あなたが期待していることを具体的に伝えてください。

「仕事は引き受けたらすぐにやってほしい」「平均点以下はとらないでほしい」「兄弟に暴力は振るわないでほしい」など具体的に、親が期待することが何であるかを伝えます。

そして、やらなかったときにはどうなるかをきちんと決めておきます。

娘の後輩に、クラブ活動をやったりやめたりする人がいました。なぜそうなのかを聞くと、それが親との約束で、成績がある一定レベルを保っている間はクラブ活動は自由にできるのですが、レベルを割りこむと活動停止になるそうです。

罰となるものは、期待されている行動をとらなかったことにより、当然の結果として与えられる種類のものが効果的です。

たとえば、兄弟に暴力を振るったときは、家族と一緒にテレビを見ることが許されない（暴力を振るった結果、兄弟は一緒にいたがらない）。期待された成績をとらないと、週末に友人と出かけることができない、または好きなクラブ活動に参加できない（友人と出かける時間やクラブ活動に参加する時間を、勉強に回さなければならない）。

必ず会話の最後は、「どうしますか？　あなたが実行することを言ってください」と子どもに、自分のやることを言葉にさせます。それは具体的なものでなければなりません。

「頼まれごとをしたらすぐにやる」「試験では主要科目で平均点以上をとる」「暴力は振るわない」などです。

その宣言を紙に書いておくのもひとつの方法です。そして、よく見えるところに貼っておいてもいいでしょう。

親の、必ずやり遂げようとする静かな決意を見せてください。

責任を教えるために今からできること⑤

プランの実行の援助をしよう

いったん実行に入ったら、四六時中うるさく言うのをやめて、子どもの行動を見守りましょう。

目標がはっきりしていることと、その目標に向かっていることが明らかなら、やり方に関しては本人が決めることであり、学ぶべきことです。

やり方はいろいろです。その速度も人によって異なります。親自身が考えるやり方や望む速度と違っているからと、口を挟むと振り出しに戻ります。うるさく言ってはいけません。静かに見守りましょう。

そして、その結果をはっきりと示します。ここで親が子どもの機嫌をとったり、かわいそうだからと妥協したり、できていないことをできているふりをすれば、計画は壊れ、子どもは親を信頼しなくなります。

子どもが親に真に求めるものは、子どもの表面的な欲求の言いなりになることではありません。未来を見すえて、子どものためになることであれば、心を鬼にできる勇気です。

そんな勇気を持つ親を、子どもは信頼し、尊敬します。信頼と尊敬があるとき、子どもは進んで親に求められる行いをしようとするのです。

実行途中で、子どもはさまざまなやり方で親を試します。親の本気を試します。話に耳を傾け、共感し、そして親の本気を伝えます。

この間、親は、つねに前向きな姿勢を保つことをおすすめします。「またそんなこと言って。将来困るのはあんただからね」などと脅しをかけてはいけません。「やってごらん。できると思うよ」と子どもを励ましてください。

期待することができたときは喜んでやってください。子どもには、精神的に豊かさを感じるごほうびがあるといいでしょう。「うれしい」と言葉で伝えるのもいいでしょう。

ただし、ほめすぎ、喜びすぎに注意してください。子どもが責任を学ぶプロセスで、あまり大げさにほめたり喜んだりすると、子どもは責任ある行動をしたときには、いつもファンファーレが鳴ると思ってしまいます。

ところが、世の中はそう甘くはありません。学校や会社で、やるべきことをやってもファンファーレは鳴らないのです。会社に遅刻しなかったからといって、上司はほめてはくれません。そこで子どもは落ちこみます。これも、ほめて育てる弊害のひとつかもしれません。

もうひとつ、ほめすぎたり、喜びすぎたりすることの弊害があります。子どもが責任を学び、自分の言動を律し始めると親は喜びます。ところがそれは、これまで子どもが体験したことのないものです。これまでは、親が喜ぶ言動がなかったわけですから。

すると子どもは、本当に自分はこれほど親に喜ばれる存在なのだろうかと不安になります。そしていったん改善されていた言動が、親を試すためにさらに悪くなることがあります。「これでも喜べる?」という挑戦でしょう。そのような反動を起こさないためにも、ほめすぎ、喜びすぎは避けたいものです。

本来、人は自分を律するのが当たり前です。当たり前のことをしたときにいちいちほめるのではなく、それ以前に、何であろうとあなたを愛しているというメッセージを伝えていることのほうが重要です。

やったから愛してあげるというメッセージではなく、やらなくても、もともと愛していることに変わりはないという姿勢です。

責任を教えるために今からできること⑥

責任を学ばせるコミュニケーション

責任を学ばせるコミュニケーションは、まさに親のコーチとしての才能を発揮する場です。コーチングの基本は、コーチとしてのあり方であり、そのコミュニケーションのとり方です。

重要なことは、責任を押しつける親との対立を生まないように気をつけることです。

思春期に入り始めた子どもが学ぶ必要のある責任は、なんらかの衝動にかられて行動を起こそうとするとき、一瞬立ち止まり、この行動が自分や相手にとっていいことなのかを考える力です。突然キレて、取り返しのつかない事態を招くまえに、自分自身を制御する力を養います。

今の自分の状態に気づき、その状態の先にある未来を想像し、よりよい未来を創るための今を選択する力を育てるのです。

*責任を学ばせるコミュニケーションの実例①

ここで、責任を学ばせるコミュニケーションのとり方について触れておきましょう。どのように自分を律することをうながすかという、具体的な例をあげたいと思います。

本来このような会話は、4、5歳になればいつでもできるものです。また、その頃にしておくことで、子どもは幼いうちに自分を律することを学びます。

第1章の29ページに登場した、スーパーで走り回る二人の男の子に再登場してもらいましょう。

「30代半ばの母親が、7歳と5歳ぐらいの男の子を連れて買い物をしています。二人の男の子は、スーパーの中で追いかけっこをして騒いでいます。追いかけるのに夢中で、ほかのお客さんにぶつかってはひんしゅくを買っています。

母親はというと、気のない言い方で、しかも子どもたちを見ることもなく、『静かにしなさい』と小声でつぶやきます。明らかに、この子たちを静かにさせるのは無理だと思っている様子です」

もし、これがくり返されていることなら、買い物に出るまえに子どもたちと話します。

「スーパーに買い物に行くけれど、静かにできるなら一緒に行ってもよし、静かにできないのなら、二人でお留守番をしてください。どちらがいいですか?」

と子どもに選択させます。

そして、それでも騒ぎ始めたら、わきに呼んで、

「このまま騒ぐなら、ここでお買い物は中止して家に帰ります。その場合は、お買い物ができないので、今夜は昨日の残りのキャベツだけがおかずです。静かにするのと、すぐに帰ってキャベツご飯を食べるのと、どちらがいいですか?」

と子どもに選ばせます。

わが家も、娘が小さいときはこの選択の連続でした。5分もたつと自分の選んだことを忘れて騒ぎ始めます。するとちょっと声を低めて子どもの名前を呼び、話します。決して怒りはしません。怒りは子どもを萎縮させるだけで、子どもが進んで自分をコントロールすることを学ばせる力にはなりません。静かに話すのです。

目的は、そのとき静かにさせることだけではなく、同時に子どもが自分をコントロールする力を養うことです。その力さえ養えば、子どもは親のいないところでも自分をコントロールすることができるのです。

＊責任を学ばせるコミュニケーションの実例②

これが、中学生くらいの子どもの成績について話す場面だとどうでしょう。怠けていて成績がよくないとしたら、話したほうがいいでしょう。親の期待を告げて、子どもがどう考えているのかを聞いてください。何が問題かも聞きます。そして、子どもと一緒に身近で、小さな目標設定をします。何らかの援助が必要なときは、自分から声をかけるように伝えます。あとは信頼してまかせます。

期待通りの成績をとったら、

①努力したことを認める
「おめでとう、よく頑張ったね」
②どんな努力をしたかを聞く
「何をやったのがよかったのかな？」
③次（なるべく近い将来）に向けての取り組みをたずねる
「何か次の目標をもっている？」
④そのために何をするかをたずねる

期待通りの成績がとれなかったら、

①それでも努力したことを何かひとつ見つけて認める

「平均点にはいかなかったけど、前回よりかなりいいよ。頑張ったね」

②次はどうしたいかをたずねる

「次に向けて何をしたらいいと思う？」

①で忘れずに認めることで、続く会話に向けて子どもの心を軽くすることができます。

少しずつの成長を認めましょう。それでも子どもが「もういやだよ」と弱音をはくようなことがあれば、そのときは「そうだね、いやになる気持ちわかるよ」と、まず共感を示し、頑張ったことを思い出させてあげてください。

②は小さな努力です。大きな目標を立てさせないよう気をつけてください。

決して「何をやっているの、ダメじゃない。あんたほんとに頭悪いね」などと、子どものプライドを傷つけるような言葉は使わないでください。そんなことを言われたら、大人だってやる気をなくします。プライドを傷つけられた状態で、子どもは責任を学べません。

責任を教えるために今からできること⑦

プランを完了する

子どもが責任を学び始め、身についたと感じたら、いったんプランを終わりにします。学期が始まるときや終わるとき、進級、進学などの節目に合わせるのもいいでしょう。

まず、子どもがどのように取り組んだかを話すことで、子どもの努力を認めましょう。そして、親から見る子どもの最近の様子を伝え、本人の言葉で様子を語ってもらいます。進歩の見えた部分に関しては喜んでください。

この時点で子どもは、窮屈さを感じているかもしれません。これまでやったことのない努力をしているわけですから、多少の疲れもあるかもしれません。これまで気ままにやってきたのが、自分を律し始めたのですから当然です。

その場合は、よく聞いて、そして共感します。「そう感じるのはよくわかる。慣れてくると、それはとても自然なことになるよ」と伝えてください。

そんな窮屈な思いや疲れを感じているときに、「さあ、もっと頑張れ！」とハッパをかけられると、窮屈感や疲れは倍増します。「頑張っているね」とねぎらいの言葉をかけてください。

私は、こんなときには照れずに目を見て、「お母さんの言ったことをきちんと受け取ってくれて、実行に移せるあなたがうれしい」と言葉にします。言われた子どもは照れます。でも、その後の行動を見ていると、「もっと頑張れ！」などとハッパをかけるより、意識は高まるようです。

「ハイ、これでプランが終わりです」と言うのではなく、認めることで区切りをつけ、子どもにまかせるということと、今後も見守る旨を伝えてください。

第8章

「人の役に立つ喜び」は生きることの充足感

5＋1段階ある、人の欲求

人が行動を起こすとき、そこには、なぜその行動を起こすのかという、欲求の根本となるものがあります。

誰かを見ていて、「なぜそんなことをするの？」と思ったことはないですか。他人から見て理解できなくても、本人は本人なりの欲求に突き動かされて、その行動を起こしているのです。つまり、私たちが「とんでもない！」と思う言動でさえ、本人にしてみれば、何らかの肯定的な目的でやっていることなのです。

*マズローの五段階欲求説

人間を突き動かす欲求を五段階に分けて解明したのが、アブラハム・マズローというアメリカの心理学者です。

マズローによると、人は五段階の下位の欲求が満たされると、その上の欲求を満たすことを目指すようです。その五段階は、下から生理的欲求、安全の欲求、帰属の欲求、自我の欲求、自己実現の欲求という順になっています（左上図）。

生理的欲求は、人が生きていくうえで欠かせない基本的な欲求をさします。空気や水、食べ物、睡眠などがそれです。これが満たされないと、私たちは不快感を覚え、病気になり、最終的には生きてはいけません。赤ちゃんが泣いて空腹を訴えるのも、この欲求に基づくもので、この求めに応じないと、赤ちゃんは命を脅かされたと感じます。

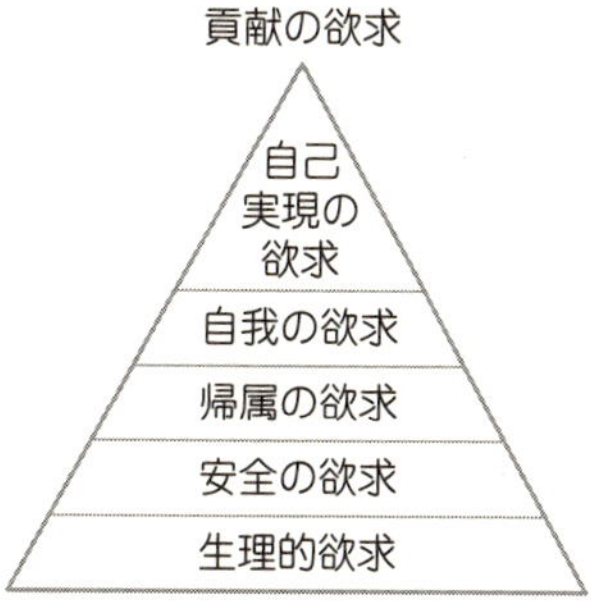

次は安全の欲求です。これは、生理的欲求と同じく、生命を守るうえで重要な欲求です。不快感を避けようとしたり、安全であるための準備をすることがこれにあたります。一般的には住居や衣服が私達を安全に守ります。

人はこの欲求にしたがって、嘘をつくことがあります。正直に言うと怒られるという身の危険を感じたときです。親から見れば嘘をつくという悪いことも、子どもにしてみれば、身を守るための欲求にしたがっているだけのことなのです。

三つ目は帰属の欲求です。愛情への欲求ともいわれ、家族の一員でありたい、クラスの一員でありたい、あるグループの一員として何かに所属し、愛されたいという欲求です。

下位二つが、生きて安全でいることの欲求で、その次がいきなり愛情にまつわる欲求であることは、愛されるということがいかに、生きることに直結した欲求であるかを物語っているようです。学校でいじめられ、愛されていないと感じた子どもが自らの命を絶ってしまうというのは、そのためでしょうか。

四つ目は自我の欲求です。これは、集団の中で価値ある存在だと思われたいと願い、そして、尊敬されることを求める欲求です。ひとつは、何かを成し遂げられるということと、もうひとつは、そのことにより他人から注目され賞賛されることです。ただ一員としてあるだけではなく、成績のいい子として認められたいとか、スポーツができる子として目立ちたいとかいう欲求です。

五つ目は自己実現の欲求です。これは、あるべき自分になりたいという欲求です。たとえば、好きなサッカーに打ちこんで練習に励む子どもは、まさにこの欲求に突き動かされています。ところが、この子どもが、練習しないと親に怒られる、コーチに怒鳴られるからやっているとしたら、それは安全の欲求に基づいているといえるでしょう。皆にかっこいいところを見せたいとやっているのなら、自我の欲求です。

マズローはこの五段階欲求説を発表したあとに、この五段階には、もうひとつ上の段階があると話しているようです。それは貢献の欲求です。五段階の欲求はすべて自分に意識が向いているものですが、貢献の欲求は完全に自分以外のものに意識が向いて、誰かの、何かの役に立ちたいと願う欲求です。

世の中には、この欲求に突き動かされて人々のために生きている人たちがいます。たとえば、マザー・テレサがその一人でした。彼女は路上で死んでいく人たちを引き取る施設を開設し、彼らの面倒を見ました。

「見捨てられて死を待つだけの人々に対し、自分のことを気にかけてくれた人間もいたと実感させることこそが、愛を教えることなのです」

神の教えにしたがい、彼女は愛を実践したのです。非常に世俗的な私には、とうてい無理な生き方です。

でもじつは、私たち普通の人間の中にも、ただ人の役に立ちたいと願う部分があり、子どもの中にその思いの種をまくことは、親として重要なことではないかと思います。それが、子どもに「人の役に立つ喜び」を教えることです。

欲求の最高位＝貢献の欲求

まだ娘が幼い頃、私が仕事から疲れて帰ると、時に娘は私をいたわってくれました。

私は喜んで娘のいたわりを受けました。遠慮して、「いいのよ、あなたは自分のことをしていなさい」とは言いません。「ありがとう。うれしいわ」と娘のいたわりを受けます。

娘は、母となって子をいたわるように私に接してくれるのです。しばらくして「ありがとう。お母さんこれで元気になった！」と動き始めると、娘はそれで幸せそうです。彼女は何かを求めたりしません。元気になったお母さんがうれしいのです。

誰の中にも、このような、まるで母のような、無条件に人に尽くす部分があります。そして、幼い頃から、この部分に適切に刺激を受けた人ほど、人に優しく、無条件に人の役に立とうとする欲求が育つように思います。

私の幼い記憶の中にもはっきりとした体験があります。幼稚園のとき、いじめっ子に乱暴されそうになった子を見て、「私が守らねば！」と思ったのです。その子の前に立ちはだかった自分を覚えています。

私と娘はまったく違う気質ですが、娘も小学5年生の頃、同じようなことをしています。授業参観で学校に行ったとき、はじめて会うお母さんから声をかけられました。「お嬢さんのおかげで、ウチの娘は不登校にならずにすんでいます」と丁寧にお礼を言ってくださったのです。

聞いてみると、そのお母さんの娘は、ちょうどその頃「汚い」とか「くさい」と言われて、クラスでいじめにあっていたそうです。わが娘は、いじめっ子の前に立ちはだかることはしませんでした。彼女は、そのお嬢さんに声をかけ続け、「気にしないで」「そんな言葉に耳を貸さないで」と励ましたようです。

これらの行為は、必ずしも相手の役に立とうと意識してするものではありません。正義感や、いじめられている人に対するかわいそうだと思う共感が働いて、思わず行動に出てしまうのでしょう。自分の価値観を、自分のためではなく、人のために使う行為といえるかもしれません。

マザー・テレサは、おそらく愛の人です。人は愛されるべきであるという価値観を持っていたのではないでしょうか。そしてその価値観を、人のために使ったのです。

あなたも誰かの役に立った体験を思い出すことができますか？　あるいは役に立ちたいと思ったことを思い出せますか？　それは、最終的にそうすると自分にいいからではなく、ただその人のためにと願った体験です。ただ守りたい、いたわりたい、という思いです。

ハートフルコミュニケーションでは、「愛すること」「責任」に続き、子どもの自立をうながす三つ目の力として「人の役に立つ喜び」を教えることを提案しています。

これはほめられたいから人の役に立つとか、怒られるからやるというのではなく、人間が本来的に持つ大きさ、優しさ、何かのために自分を役立たせようとする意識を引き出すためです。

ほかの潜在的な力と同じく、子どもたちは、その人間が本来持っている力を備えて生まれてきます。ところがその力は、引き出されない限り出てはきません。刺激を与えられ、引き出され、訓練されるから使えるようになるのです。

人の役に立つ喜びを知っている人は親切です。家の中のことも、よほどのことがない限り、喜んで手伝ってくれます。人の役に立つ喜びを知っている人に、公共のマナーをひとつひとつ教える必要はありません。電車ではお年寄りに席を譲ろう、などと教える必要もなく、彼らはそれを当たり前だと思っているのです。

親の役に立つ機会を設ける

人の役に立つ喜びを教えるために提案しているのが、親の役に立つ機会を設けることです。つまり、お手伝いです。できる限り幼いうちから、小さなお手伝いをしてもらうことを提案しています。

子どもに家族の一員として、ともに暮らすパートナーとして協力してもらうのです。同等の力を持つ人として、その力を借りるのです。

もちろん、幼い頃の子どもは、親と同等の力を持ってはいません。ですから、かえってお手伝いなどしてもらわないほうが、ありがたいという場面はたくさんあります。

でも、その時期からすでに、できる人として扱い、その力を引き出していきます。家事のお手伝いであれば、家族の生活を皆で支え合うための第一歩です。家の中の仕事を皆で分かち合うのは、とても大切なことで、それは幼いときから身につける習慣です。

ある人は、子どもには用をさせないと言います。親が子どもに用をさせると、子どもが親を使うようになるから、というのが理由のようです。その通りかもしれません。親が子どもを自分の便利に使えば、子どももそれを覚えて、親を自分のいいように使います。こうなるとその関係は、助け合う関係ではなく、利用し合う関係になります。

ここでいうお手伝いは、親の都合でいいように子どもを使うことではありません。目的は、親の生活を便利にすることではなく、優しさや思いやり、共感や自分以外の何かのために身を使うことを学ばせることなのです。

私は、小学校の高学年になる頃から、母にかわって親戚にお餅《もち》を配る役をしていました。

私の田舎では、農家は秋になると収穫で忙しい日を過ごします。稲刈りが終わる日、私の母は親戚のためにお餅をつきます。お餅であんを包んで大福を作ります。それを重箱につめて風呂敷に包み、私はそれを親戚に届けます。

３キロほどの道のりを、自転車に乗っていくのですが、その間、私は母が教えてくれた口上を何度も復唱します。親の代理で届けるので、いい加減なことは言えません。緊張したことを覚えています。きっと、私がやるまえには、兄や姉たちがこの役をやっていたに違いありません。当時の私にとっては大役でしたが、それを終えて帰ると、母は心からの「ありがとう」を言ってくれたものでした。

私が喜んでその用をやったかというと、そうでもありません。できれば行きたくないと思ったときのほうが多かったのを覚えています。それでも行ったのは、母を助けたかったからです。少しでも、忙しい母の助けになればと思ったのです。そして、それをできる自分がうれしかったのです。

まわりを見てみると、働く親ほど、子どもに人の役に立つ喜びを教えるのはうまいようです。親自身が忙しく、子どもの協力なくしては、生活がうまくいきません。

友人の一人は、夕方、仕事で遅くなりそうになると、娘に電話をします。冷蔵庫にあるものを伝えて、自分と弟のご飯の支度をするように頼みます。友人は、娘が小学生の頃から、そうやってきました。

そのように、親と家事を分かち合って親を手伝う子どもの多くが、日々起こることへの対応力が素晴らしいと感じます。頼まれた用事を実行する中で起こるさまざまな問題解決をまかされますから、子どもの対応力を伸ばす役にも立つということでしょう。

＊子どもをほめてはいけない

ここで注意するべきことは、子どもが親の役に立ってくれたとき、親が子どもをほめてはいけないということです。

子どもは、親の役に立ってくれました。親がするべきは、感謝です。「ありがとう」「助かった」「うれしい」と、子どもがやってくれたことが、どのように親に影響を与えているのかを、きちんと伝えることが大事です。それを、「いい子だ」「えらいね」と評価をするのは、ある意味、失礼なことであるといえるでしょう。

第三者としてほめるとなると、話は別です。わが家にもありました。

人の役に立つ喜びを知っている娘は、よく学校で先生を手伝います。個人面談の折になど、必ずといっていいほど、先生たちはそのことを喜んでくださいました。何かと理由をつけて逃げたがる子の多い中、娘は何人かの子どもに交じって最後までお手伝いをするそうです。

それを聞いて帰った私は、娘をほめます。

「えらかったね。先生がうれしいって言ってくれたよ。お母さんもうれしい」

特に思春期ともなると、一人の人として接することが重要です。親が高い位置にいて、子どもを見下ろすやり方で評価するのではなく、対等な存在として喜びや感謝を伝えたほうが、子どもにはよく伝わるようです。

第9章

親の自立

自立とは自分もまわりも「快」を得る生き方

自立とは、自分一人で生きていける状態をいいます。一人で生きていけるというのは、精神的、物理的に、誰かに依存することなく、生活ができるということです。

その状態ができてはじめて、私たちは誰かとともに暮らすこと、ともに生きることを選べます。選んだ相手は家族であり、また一緒に働く人たちも、同じく選んだ仲間ということができるでしょう。

家族や職場の仲間など、誰かとともに生きる中で、自分の人生をより幸せへと導くことができたとき、私たちは自立しているといえるでしょう。

そのやり方は、自分を含むまわりの人々にとって、最適な「快」を見つけ出すことです。

たとえば、子どもと親の関係でこのことを見てみましょう。子どもが問題を抱えて親のところにやってきました。そんな問題を起こす子どもが気に入らないと、怒鳴りつけたらどうなるでしょう。怒鳴られた子どもは傷つき、親は怒鳴った自分に嫌悪感を抱き、問題は何も解決していない、という状態が生まれます。誰にとっても「快」は得られていません。

子どもの問題に耳を傾けたらどうでしょう。子どもは聞いてもらって安心し、親は子どもの問題を受け止められた自分を誇りに思い、問題解決に向かって一歩を踏み出すことで、親子双方に「快」を見つけることができます。

大人同士でも同じです。これを言ったら、やったら相手がどう感じるだろうという想像ができれば、自分自身をコントロールすることができ、互いの「快」を作りだすことが可能になります。ところがそうしないと、自分の不用意な言動に、相手が怒り、相手の怒りを受けた自分が不愉快になります。

では、私たちが最適快を作りだすことを妨げるものは何でしょう。

ひとつは、自我への執着です。あまりにも自分しか見えない、自分のことしか意識にない場合は、相手にとっての「快」を考えることはありません。自分の「快」しか意識にないのです。親が自分のことしか考えない人である場合、それによって子どもは傷つくことが多いでしょう。親が子どもを一人の人としてとらえ、これをやったら相手はこんなふうに感じるだろうと、配慮しないわけですから。

また、被害者意識というのもあります。「あの人のせいで」「この子のせいで」と都合の悪いことを相手のせいにして、その不都合を自分で何とかしようとしないのが被害者です。

人は、相手に対して被害者意識を持っていると、決してその相手の「快」など考えません。被害者（自分）はいつもかわいそうで、正しく、加害者（相手）はいつも邪悪で、間違っています。そんな加害者に対して、いいことなど考えられるはずがありません。

これらの狭い見方から抜け出し、より大きな「快」を見つけ出す生き方が自立といえます。自分だけの勝手な思いにしばられず、都合の悪いことがあれば人のせいにせずに、自分に何ができるかを考え行動する。そんな人が、大人として自立した人といえるのです。

自立した生き方への入り口は、気づきです。

私たちは、このような文章を読んだり話を聞いたりして、「なるほど」と思います。そして、心がけて自分にできることをやってみようとします。ところが続くのは1週間です。いつの間にか、「なるほど」と思ったことも忘れて、以前と同じことをくり返し、「やっぱりダメだ」ということになってしまいます。

それは、行動や考え方だけをまねているからです。

気づきは、深い決意をうながします。深い決意は、結果を生み出す行動へとつながっていきます。そしてその行動は、思いつきではないので、続けていくことができるのです。

親自身が被害者をやめて自立の道へ

親自身の自立ということで、Iさんの例をあげましょう。彼女は気づくことで、家族の人間関係を大きく変えました。

彼女はさまざまな意味で自立した女性です。高校生の娘を育てながら仕事をし、時間を見つけては、地域の人が集まる場作りにも取り組んでいます。さらに、世の中の親たちに伝えることができたらと、ハートフルコーチ養成講座に参加しています。娘も元気に育っています。彼女には自立に関する問題は何もないように見えました。

ところが、彼女は自分の心にあるわだかまりを知っていました。それは父親との関係でした。父親はプライドの高い技術者で、彼女は幼い頃から家の中でつねにある種の緊張感を感じていました。父親は、どこか人を見下したような態度で家族に接します。彼女はそんな父親が嫌いでした。そして父親は、家族全員からそんな目で見られていたのです。

その関係は、彼女が結婚してからも変わらず、彼女の娘は、母親と祖父の間の緊張感を感じながら育ちました。その影響でしょうか、彼女は娘と夫の間にある、なんともいえない距離が気になっていました。でも、年頃の女の子が父親をうとましく思うのはどこにでもあることと、気にとめないようにしていたのです。

Ｉさんの学習が深まると、彼女の中に、このままでいいのだろうかという疑問が生まれます。彼女の父親はこの頃、定年退職を迎え、再就職で駅の掃除をしていました。あれほどプライドの高かった父が、掃除の仕事をするとは想像もつかず、父親はそのことを不満に思っているのではないかと、彼女は考えていました。

彼女は父親の働く駅を利用することがあります。父親を見かけることはあっても、声をかけることはしませんでした。もともと、彼女と父親の間には声をかけて話をするという親密さはなかったのです。同時に掃除をしている自分を、家族に見られたくないと父が思っているだろうという配慮もありました。彼女はいつも知らんぷりをして通り過ぎていました。

ところがある日、駅で掃除をする父を見かけ、彼女は思わず「お父さん」と声をかけてしまいます。彼女の「これでいいのだろうか」という思いが後押しをしたのでしょうか。

するとと父親は、相手が誰だか確認せず、「何ですか?」と答えたのです。彼女は驚きました。父親がこれほど丁寧に自分の呼びかけに反応したのは、生まれてはじめてでした。

おそらく父親は「お父さん」と呼ばれたことに気づかず、駅の利用者が声をかけてきたと思ったのでしょう。娘と気づいて、恥ずかしげに「何だ、おまえか」と続けます。

そのとき、彼女の中で何かが一気に解《と》けました。彼女は日常的に父親に声をかけ始め、二人は長年の距離を埋めるかのような関係になっていきます。それは、彼女とお父さんの関係にとどまらず、お父さんとお母さん、そして、なんと夫と娘にも波及します。夫と娘が、これまでになく親密な関係になっていったのです。

Iさんは、自分の気持ちと正直に向き合い、父親との関係を変えるために一歩を踏み出しました。「お父さんがあんな人だから」とすべてを父親のせいにして、その被害者になることをやめたのです。Iさんは、過去にあった父親との固定化された関係のしばりを解放しました。このことはまさに、自分の人生に責任を取ることであり、その姿をモデルとして子どもに見せることなのです。

子どもの自立をサポートすることは、単に子どもを自立させるということにとどまりません。子どもとしての自分の人生をもみつめなおすことを意味しています。私たちは、親である以前に子どもでした。子どもとしての自分の思いを、親と通わせることができたとき、私たちは本当の意味で子どもの自立をサポートできるのかもしれません。

子どもに与えられる最高の贈り物

人はさまざまな事情を抱えて生きています。一人で子どもを育てている人、大切な人を亡くした人、病気で苦しんでいる人、子ども時代の思い出に悩む人、年老いた親を介護しながら子どもを育てている人。あなたの事情は何でしょう。

そして、人は思います。その事情を抱えている、だから子育てがうまくいかないと。

そして、私は言います。その事情は、だから子育てがうまくいかない、その理由ではないと。

子育てがうまくいかないのは、事情があるからではなく、親が幸せでないからです。本当の意味で幸せではないからです。

世の中、事情のない人はいません。大なり小なり、何らかの事情を人は抱えているものです。そして、事情のせいで不幸せな人と、事情はあっても幸せに生きている人がいます。

子どもにとっての贈り物は、幸せな親です。さまざまな事情を抱えていても、その事情とうまく付き合いながら、自分の人生を幸せに導いている親です。

親が幸せであるとき、子どもは心おきなく、子どもらしさを生き、甘え、悪態をつき、さんざん反発をして、ある日突然、親を残して去っていきます。

それは、自分が残してきたものに心配がないからです。親は自分がいなくても幸せに生きていくことを、子どもは知っているからです。

ところが、親が幸せでないと、子どもは自立できません。不幸せな親に育てられた子どもは、親が心配で、家から離れることができないのです。

親が不幸せな子どもは、親の不幸は自分のせいだと思って生きるといいます。子育ての第一歩は、そして子どもに与えることのできる最高の贈り物は、自立した幸せな親であることです。

世の中に子育てほど尊い仕事はありません。それは私たちの未来を創ることであり、未来の幸せを可能にする仕事だからです。もちろん、簡単な仕事ではありませんが。

私の子どもはひび割れ壺

私の仕事は人材開発のコンサルティングです。企業の人育てのお手伝いです。企業が目指す方向に向けて、どのように人を育てればいいかを考えます。育成の考え方を確立し、仕組みを作り、プログラムをデザインし、そのプログラムを導入します。

仕事仲間の多くが、ハートフルコミュニケーションに興味を持ってくださいます。その理由のひとつは、彼らが親であるからです。その仲間の一人であり、大切な友人の一人でもある人が、講演に参加したあと感想を寄せてくださいました。ご紹介しましょう。

２００６年の春、菅原さんが私の地元の中学校でハートフルコミュニケーションの講演をすることを知り、とうとう行くことにしました。「とうとう」というのは、私がハートフルコミュニケーションを避けていたからです。

私は、菅原さんの本はすべて読み、公開講座も半分以上は参加していました。ところがハートフルコミュニケーションだけは、私の無意識が、母親としての自分が立ち直れなくなるのではと避けていたのだと思います。自分の子育てが間違っていたと知るのが、こわかったのです。

そう思いこんでいたのには理由があります。それは、私の長男がＡＤＨＤだからです。

ＡＤＨＤは発達障害です。病気ではないので治りません。そして原因も遺伝ではないかといわれていますが、現代の医学ではまだ特定できていません。

親が子どもに障害があると知ったとき、自分を責めるのはよくあることです。私も、「私の育て方が悪かったから」と思っていました。

じつは子どもも、「障害を持っている自分」を責めます。自分のせいで親に迷惑をかけているのではないか、と。私の子どももそうでした。彼も、自分があるがままであることを恥じていたのです。

長男は幼稚園に行く前から、公園でも少し浮いた存在でした。自分のおもちゃは貸してあげないけど、人のおもちゃは取ってしまう。手を離すとすぐどこかへ行ってしまう。でも、「子どもにはよくあること」と、たいして問題に感じていませんでした。

小学校に入り、学校から呼び出されたり、周囲から耳が痛い話を聞かされたりすることが多くなりました。それでも、4年生になるまでは普通に学校へ行っていました。

ある日のことです。職場にいる私に、学校から「授業中、教室を飛び出し、校外へ出てしまいました」と連絡が入りました。あとで子どもに状況や理由を聞くと、担任が、ほかの子どもを怒鳴ったことがきっかけだったようです。その先生は、ほかにも暴言などがあったと問題になり、しばらくしてから退職なさいました。

それ以降、怒鳴られると顔色が変わり、かんしゃくを起こすことが増え、学校も休みがちになりました。しかし、それは単なるきっかけであり、小さい頃から「苦手」→「やらない」→「叱られる」→「ますますいやになる」のくり返しで、強い自己否定があったのだと思います。

そのこともあり、5年生に進級して担任がかわったとき、怒鳴らず信頼関係を築くことをお願いしました。かなり意識してくださり、おかげで少しずつ行けるようになりました。ただ、気が向けば教室に行くものの、すぐに出て行ってしまいます。担任やクラスのほかの子に迷惑がかかるため、学校と話し合った結果、介助員をつけることになりました。

そんな中、「もしかしたらADHDでは？」とようやく思い当たりました。大学病院で見ていただき、ADHDの確定診断を受けました。確定診断で一番ホッとしたのは長男だったようです。できないことが多いのは、自分が劣っているわけではなく、障害のせいなのだとわかったからです。

そのこともあって、中学に進学した際、家族で話し合い、同じクラスの保護者に息子がADHDであることを伝えました。発達障害でこわいのは、障害自体ではなく二次障害です。特に思春期ですから、余計不安でした。

しかし、中学では、先生方がさまざまなサポートをしてくださって、驚くほど、授業にも部活にも普通に出られるようになりました。ところが、やはり無理は出てきます。本人なりに新しい人間関係や勉強にと頑張っていたものの、学校で「障害」「きもい」と言われてトラブルも増え、勉強もついていけず、休みたがるようになりました。

2年生からは情緒障害学級になり、また環境が変わりました。なかなか悪循環から抜け出せず悩んでいますが、少しずつ前進はしています。

菅原さんの講演の最後に、「ひび割れ壺」の話がありました。それを聞いたとき、まさしく私の息子はひび割れ壺だと思いました。

私は思います。人よりゆっくりでもいい。人よりうまくできないことがあってもいい。うちのひび割れ壺はとても優しい子だから。姑を自宅で介護していますが、姑は長男を一番頼りにしています。

私の職場に連れて行ったところ、得意分野の力と集中力を発揮し、会社の仕事を手伝ってくれて、皆に感謝もされました。こんな小さな積み重ねをするくらいしかできません。でもそれが、私の親としての仕事だと今感じています。

いつか長男が自分を誇りに思えるよう、そんな彼を育てた私自身を誇りに思えるよう、今の長男の存在や行動に「ありがとう」を言い続けたいと思います。

障害がある子どもを育てるとき、親は健常児以上に子どもを守ろうとします。障害の程度にもよりますが、障害があるからこそ、親が抱えこんでヘルプするのではなく、人々の中で生きていけるように育てなければなりません。

私も、3カ月になる長女が心臓の手術を受けたとき、その覚悟をしていました。残るかもしれない障害を受け止め、自立させなければならないと。長女はその覚悟を知ってか知らずか、6カ月で逝ってしまいます。

障害のある子どもを引き受け、その自立を目指して頑張っている親たちに、心からのエールを送ります。ひび割れ壺を大切に育てていきましょう。

「ひび割れ壺」の物語

私は講演の最後に必ず、参加してくださった皆さんに、この物語をプレゼントします。

現在の子育ては罪悪感に満ちています。子どもが期待するように生まれなかったとき、育たなかったとき、社会通念に反する言動があったとき、親はまず自分を責めます。自分がうまく産んであげられなかった、育てられなかったから、と。そして、世の中も親を見ます。あの親はどんな育て方をしたのだろうと。それを知っているので、私たち親は臆病になるのです。

子どもにとって、その子ども時代――特に幼少期において――、どんな育てられ方をしたかは大変重要です。でも、それがすべてではありません。

愛することを教えるために、子どもが愛される必要があることをハートフルコミュニケーションでは教えています。では、愛されなかった子どもは悲惨な人生を送るのでしょうか？　そうではありません。悲惨な幼少期を生きた人が、幸せな人生を送る例はたくさんあります。

以前、ふと目をとめたテレビ番組に、生きることのエッセンスを教えられた気がしました。それは、長く生き別れている人を探して、依頼者に会わせるという番組です。幼い頃に親に捨てられた女性が、親を探していました。成長して幸せな結婚もし、子どもを産んだ今、生きているものならぜひ自分を産んだ親に会いたいというのです。

番組はお母さんを探し当てました。女性が幼い頃、お母さんは離婚し、子どもは夫にゆだねざるを得ない状況だったそうです。その後、女性は、父親によって街に置き去りにされたのでした。番組はＤＮＡ鑑定も実施し、二人が親子と確認して、対面に至りました。

ドアが開かれようとするそのとき、司会者はドラマを盛り上げるために言いました。

「28年間、孤独だったでしょう……」

すると女性はこう反応したのです。

「いえ、私は孤独には生きてきませんでした。親に捨てられた私が、こうやって生きてこられたこと自体が、素晴らしいことだとは思いませんか？」

彼女のこの一言が、私には感動の涙に値するものでした。母親に去られ、父親に置き去りにされるという、悲惨な子ども時代を生きた彼女が、孤独ではなかったと言っているのです。親に捨てられた以降の彼女の人生は、彼女自身の手によって作られたものでした。

親にどんな育て方をされたかは、私たちの人生に大きな影響を与えます。でも、それだけでは決まらないのが私たちの人生です。

ハートフルコミュニケーションでいうように、7歳までに自立の種を植えて、小学校に入学させることができれば最高です。子どもは不適応をかいくぐり、いじめにも関係せず、いじめられても我関せずと、生きてくれるでしょう。

ところが、自立の種を植えることに失敗したからといって、子どもの人生が終わりになることはありません。捨てられた女性の人生が、悲惨なものにはならなかったように。

18歳からは自分の人生。親の未熟と不徳を詫びて、自分の人生を生きていくよう見送ってください。親が、自分の育て方が間違っているのではないかとびくびくして、自分を責めている環境のほうが、よほど子どもの自立を妨げます。

だから、何かあっても自分を責めないで。子どもだけでなく、私たち親がひび割れ壺なのですから。自分がひび割れていることを受け入れ、そのひび割れを責めることなく、子どものためにも自分のためにも、花の種をまきましょう。

*ひび割れ壺

あるインドの水汲み人足は、二つの壺を持っていました。

天秤棒の端にそれぞれの壺をさげ、首の後ろで天秤棒を左右にかけて、彼は水を運びます。

その壺のひとつにはひびが入っています。もうひとつの完璧な壺が、小川からご主人様の家まで一滴の水もこぼさないのに、ひび割れ壺は人足が水をいっぱい入れてくれても、ご主人様の家に着く頃には半分になっているのです。

完璧な壺は、いつも自分を誇りに思っていました。なぜなら、彼が作られたその本来の目的をいつも達成することができたから。

ひび割れ壺はいつも自分を恥じていました。なぜなら、彼が作られたその本来の目的を、彼は半分しか達成することができなかったから。

2年が過ぎ、すっかり惨めになっていたひび割れ壺は、ある日、川のほとりで水汲み人足に話しかけました。

「私は自分が恥ずかしい。そして、あなたにすまないと思っている」

「なぜ、そんなふうに思うの？」

水汲み人足はたずねました。

「何を恥じているの？」

「この2年間、私はこのひびのせいで、あなたのご主人様の家まで水を半分しか運べなかった。水がこぼれてしまうから、あなたがどんなに努力をしてもそれが報われることがない。私はそれがつらいんだ」

壺は言いました。

水汲み人足は、ひび割れ壺を気の毒に思い、そして言いました。

「これからご主人様の家に帰る途中、道端に咲いているきれいな花を見てごらん」

天秤棒にぶら下げられて丘を登っていくとき、ひび割れ壺は、お日様に照らされ美しく咲き誇る道端の花に気づきました。

花は本当に美しく、壺はちょっと元気になった気がしましたが、ご主人様の家に着く頃には、また水を半分漏らしてしまった自分を恥じて、水汲み人足に謝りました。

するとと彼は言ったのです。

「道端の花に気づいたかい？　花が君の側にしか咲いていないのに、気づいたかい？

ぼくは君からこぼれ落ちる水に気づいて、君が通る側に花の種をまいたんだ。そして君は毎日、ぼくたちが小川から帰る途中、水をまいてくれた。

この2年間、ぼくはご主人様の食卓に花を欠かしたことがない。君があるがままの君じゃなかったら、ご主人様は、この美しさで家を飾ることはできなかったんだよ」

（作者不詳、菅原裕子訳）

おわりに

2006年11月、特定非営利活動法人ハートフルコミュニケーションが誕生しました。

それまで私が一人でこつこつと続けてきた活動は、私一人の活動にしておくにはあまりに大きくなりすぎたと感じ始めていました。

「日本中の親にハートフルコミュニケーションを」という私の夢に賛同し、ハートフルコミュニケーションを学び、各地でハートフルセッションを開催するコーチが増えています。

ハートフルセッションは、それぞれの地元で、子育てをともに考え、支え合う親たちの学びの場です。自分の子育てを考えたいという人が集まり、少しずつ自己開示しながら、子育ての悩みや喜び、葛藤を話したり聞いたりする中で、参加者は大きな気づきを得て、親としても一人の人としても成長していきます。その気づきは、参加者の心を癒し、より賢明な方向へと彼らを導きます。

その場には、何かを教える先生はいません。参加者は全員が互いのコーチとなり、互いが持つ力を引き出します。そこは互いの力を信頼し合った者たちが、ともに考え、それぞれの答えを見つける場です。

私がこのセッションの開催を考えたのは、「日本中の親にハートフルコミュニケーションを」と言い始めてまもなくのことでした。そう言っていながら、その夢はあまりに大きく、私を圧倒するものでした。

自分一人の力では無理だと思い始めた私は、その頃、自分の夢を「不可能な夢」と呼んでいたのです。

するとまわりで、こんな声が聞こえ始めました。「なぜ不可能などと言うのか。伝える人が増えれば、より多くの人に届けられるじゃないか」。それがハートフルコーチ養成講座の始まりでした。

今では、さまざまな人たちが、人生で取り組むひとつのプロジェクトとして、この講座に参加しています。

子育て中の母親だけではありません。働く親、子育てを終えた主婦、教員、退職した教員、ビジネスマン、経営者と多種多様な人々が、自分の子育てのために、また世の中の子育て環境をよくしたいと学んでいます。子育てに限らず、自分の成長のために参加する独身の方々もいます。そして、彼らがそれぞれの地元で開催するハートフルセッションは、次第に広まりつつあります。

この本は、ハートフルコーチたちへの応援の意味をこめて書きました。自分の生活や子育てが充実するだけではなく、まわりの人にもその可能性を伝えたいと奮闘する彼らを支えたいと思います。

ハートフルコミュニケーションが生まれたのは、二人の女性のおかげです。一人はハートフルコミュニケーションの源である亡き母と、もう一人は、私を母親にしてくれて、そして私の原動力となってくれている娘です。この二人に心からの感謝を贈ります。

そして、『子どもの心のコーチング』『子どもの心のコーチング・実践編』とつねに執筆を励まし続け、遅筆の私に耐えてくださっている、リヨン社の渡辺純子さんに感謝します。

そして何より、この本を手にしてくださったあなたに感謝します。少しでもいい子育てがしたいというその思いは、きっとお子さんに伝わるはずです。ご自分を信じて！

ハートフルコミュニケーションのメッセージが、学ぶ人の力となりますよう。

２００７年５月

菅原裕子

文庫化によせて

『子どもの心のコーチング』がリヨン社（現・二見書房）から出版されたのが2003年です。2007年にはPHP研究所から文庫で出版されることになり、その文庫が今年40万部を突破しました。本当にたくさんの方々にご愛読いただき、本を世の中に送り出したことを心からうれしく思っています。そして、『子どもの心のコーチング』の第二弾とも言えるのが『思春期の子どもの心のコーチング』で、この本は2007年に同じくリヨン社から出版されました。そしてまたこのたび、この本は『10代の子どもの心のコーチング』と名前を改め、PHP文庫として改めて紹介されることになりました。

このたびの文庫化にあたり、2010年夏、私は再度『思春期の子どもの心のコーチング』に目を通しました。その途中、マスコミは様々な人間に関するニュースを流します。子ども二人を置き去りにして子どもを死に追いやった若い母親のニュース。100歳を超える親と音信不通でその消息も分からないというニュース。私たち親子の絆はいったいどうしてしまったのだろうと考える毎日です。そこに関《かか》わる一人ひとりを責めるのは簡単ですが、それでは物事は変わらないように思います。それは個人の問題というより、そうなってしまうことを防ぎきれなかった社会の問題でもあるからです。

私が講演のときなどに必ずお伝えするのは、「私の言うことを信じないで」ということです。子育てに共通の答えなどありません。こう言えば子どもはこうなるなどという答えはないのです。まして思春期ともなれば、子どもは本物を求め始めます。本物は親の生き方の中にしか現れてきません。親が自分の生き方に自信をもたずに、他人の言うことを鵜呑《うの》みにしたところでうまくいくはずがないのです。「私の言うことを信じるのではなく、鵜呑みにするのではなく、一緒に考えましょう」それが私のメッセージです。自分の子どもに何が一番大切かを知っているのは親自身だから。その考える姿勢こそが、学んだことをやり続けよう努力する姿こそが、子どもに本物として伝わります。

そしてもうひとつお伝えするのは、何も心配することはないということ。子どもにとってより良い環境作るために自分は何ができるだろうと考え、学ぼうとする親の姿は子どもに伝わっています。その学びに『10代の子どもの心のコーチング』がお役に立てることを祈ります。

単行本に新たな命を吹き込み、これまでお届けすることのできなかった方々に文庫としてお届けすることが可能になりました。ＰＨＰ研究所文庫出版部の皆さんのご尽力によるものです。そして何より、『子どもの心のコーチング』のメッセージを改めて届けたいと文庫化の決意をしてくださった飯島千秋さんに心からの感謝をお伝えします。

そしてこの本を手にしてくださったあなたに、その学ぼうとする思いに感謝いたします。

２０１０年夏

菅原裕子

著者紹介
菅原裕子（すがはら　ゆうこ）
NPO法人ハートフルコミュニケーション代表理事。有限会社ワイズコミュニケーション代表取締役。
1999年、有限会社ワイズコミュニケーションを設立し、社員一人ひとりの能力を開発することで、組織の変化対応力を高めるコンサルティングを行う。仕事の現場で学んだ「育成」に関する考えを子育てに応用し、子どもが自分らしく生きることを援助したい大人のためのプログラム〈ハートフルコミュニケーション〉を開発。2006年、NPO法人ハートフルコミュニケーションを設立し、各地の学校やPTA、地方自治体主催の講演会やワークショップでこのプログラムを実施し、好評を得る。また、ハートフルコーチ養成講座を開設しコーチの育成に力を注ぐ。
主な著書に、『子どもの心のコーチング』（PHP文庫）、『困ったときのコミュニケーション力』『子どもの「やる気」のコーチング』（以上、PHP研究所）、『お父さんのための子どもの心のコーチング』（リヨン社）、『コーチングの技術』（講談社現代新書）などがある。

NPO法人ハートフルコミュニケーション：http://www.ys-comm.co.jp/

本書は、2007年６月にリヨン社より刊行された『思春期の子どもの心のコーチング』を改題し、加筆・修正したものである。

PHP文庫　10代の子どもの心のコーチング
思春期の子をもつ親がすべきこと

2010年10月18日　第1版第1刷
2020年6月8日　第1版第28刷

著者　菅原裕子
発行者　後藤淳一
発行所　株式会社PHP研究所
東京本部　〒135-8137 江東区豊洲5-6-52
PHP文庫出版部　☎03-3520-9617(編集)
普及部　☎03-3520-9630(販売)
京都本部　〒601-8411 京都市南区西九条北ノ内町11
PHP INTERFACE　https://www.php.co.jp/
組版　朝日メディアインターナショナル株式会社
印刷所
製本所　図書印刷株式会社

 ISBN978-4-569-67530-5

PHP文庫

頭のいい子が育つパパの習慣

清水克彦 著

「子どもの前で辞書を引こう」「子どものために会社を休もう」など、父親がどんな生活をすれば、子どもの学力がアップするのかを紹介。

PHP文庫

頭のいい子が育つママの習慣

清水克彦 著

「覚えさせるより、考えさせよう」「ママ自身が言い訳をしない」など、母親がどのような生活をすれば子どもの学力が伸びるのかを紹介。

PHP文庫

子どもの心のコーチング

一人で考え、一人でできる子の育て方

菅原裕子 著

問題点を引き出し、自ら解決させ成長を促すコーチング。その手法を「子育て」に応用し、未来志向の子どもを育てる、魔法の問い掛け術。